21世紀叢書

鶴見俊輔ノススメ

プラグマティズムと民主主義

木村倫幸［著］

新泉社

はじめに

グローバリゼーションの波が全世界を覆い、この中で一方においては近代的主権国家の垣根が、さまざまな地点で乗り越えられている。しかし他方においては、こういう状況であればこそ、逆により頑なにその垣根を高くして、壁を硬く塗り込めてしまおうとする傾向も存在する。とりわけ、日本においては近年、後者の傾向が強まっている局面がある。この緊迫度が強まりつつある現在、本書は、哲学者鶴見俊輔を考察の対象として取り上げる。鶴見は現役の思想家であり、また彼が第二次世界大戦後から今日にいたるまで、日本社会に対して、プラグマティズムの立場から積極的に発言を続け、そして「思想の科学」研究会や「べ平連」（「ベトナムに平和を！　市民連合」）、あるいは「自衛官人権ホットライン」といった活動によって民主主義運動、平和運動を実践してきたことは、周知の事柄であろう（後註参照）。鶴見にとっては、思想は「信念と態度との統一」であるとされ、その視点は、徹底した権力批判である。すなわち国家権力は言うに及ばず、いわゆる「正統的」マルクス主義が権威とみなされていた時代には、その権威化に対する批判として作用した。この点については、「正統的」マルクス主義が過去の遺物となってしまった今、正当に評価されるべきであろうし、現在では逆に、マルクス主義、民主主義そのものを見直す手がかりとしての存在意義を有していると言えよう。本書においても触れているが、鶴見には、自分自身の底に降りていった地点、「私的な根」からする見方があり、徹底した権力批判と民主主義もここから派生する。と同時にその「私的な根」は、時代とは無関係に真空に閉じこもって存在するものではなく、絶えず実社会の動きを反映する柔軟な性格をもあわせ持つ。この強固な「私的な根」が、現実の運動と結びつく時、そこには、巨大組織的運動とはならないが、しかししっかりした結びつきの粘り強い運動のかたちが生まれてくる。これが、現在にいたるまで鶴見が、地味ながらも脈々として続けてきた運動の特色となっている。この運動においては、メンバーの互いの意見、立場の違いは、そのまま違いとして認めあう姿勢が重要であり、このことが、戦後日本の社会変革運動に欠落していた視点を提示する。

そしてこの視点は、とりわけ日本の知識人のあり方に対する非常に厳しい批判を伴い、それは広く明治以降の近代社会の教育制度、知的態度にまで及ぶ。それは「私的な根」が現実の状況に関わる際に立つ、「状況から考える」というスタンスであり、原理原則のみに固執しないという姿勢である。すなわち固定化した厳密な思想基準を定めて、そこから外れたものは一切顧みないという、純粋真正な態度を目ざすのではなく、生活においては常に「アイマイさ」や「雑多さ」が付きまとわざるを得ないという自覚を持って進んでいくことであり、これは必然的に、近代日本社会が進んできた道とはぶつからざるを得ない。鶴見は、この点において日本の近代化が欠落してきたものを指摘し、これを看過し続けてきた体制と知識人のあり方を批判する。その視点には、確かに現在のわれわれが学ぶべき多くの教訓が含まれており、伝統的とも言うべき旧左翼の社会変革運動が衰退した現況においては、この視点の再評価が必要であろう。本書が鶴見を取り上げたのはこの意味においてである。

しかし同時に、鶴見の視点の考察にあたって、現下の運動のあり方との点で、いくつかのすれ違いのようなものを感じざるを得ないというのも正直な印象である。鶴見の、民主主義のあり方、権力への抵抗、「状況から考える」柔軟な発想等々という視点に説得力があるにもかかわらず、そこには、何か割り切ることのできない歯がゆさが存在するようである。それをここで詳述する余裕も能力も今のところ不十分であるが、次のような点にその問題があるように思われる。以下、本書の論点を少々先取りすることになってしまうが、予め触れておきたい。

(1)　鶴見の権力に抵抗する視点を考える時、それが「権力」に対する「反権力」ではない点がある。というのも、鶴見の視点からすれば、「権力」に対して「反権力」ということで別の原理原則を持ち出してきて反対することは、その別の原理原則が、取りも直さず「新たな権力」として確立してしまうことになるからである。それゆえ鶴見は、「権力」に対する「反権力」ではなくて、「非権力」ということを提唱する。この視点は、現在支配的な西洋中心主義に対する批判の視点——西洋と東洋の二項対立を乗り越えようとするサイードのオリエンタリズム論やウォーラスティンの世界システム論に通じる側面を持っている。その意味で、鶴見の視点の先見性は否定すべきもないが、しかしそれであればこそ、そこに現存する権力との区別、対決がアイマイになってしまうことが出てくるのではないかということである。いわば運動に付きまとう負の側面をどう考えるべきかということが、「権力」、「反権力」、「非権力」の現実の力関係で絶えず問われなければならない。このことは、現在活動中の数多くのＮＧＯやＮＰＯにも関係する問題であるが、鶴見の時代のサークルよりももっと現実の社会的諸関係が入り組んでいるこれらの活動では、特に重要な問題であろう。

(2)　個人と組織との関係で言えば、右の事柄は組織内での民主主義につながる問題である。「非権力」ということで、サークルなり集団なりが活動するとして、その内部においても「非権力」が貫かれるシステムをどう作っていくのか、これが問題となる。集団内にファシズムを生み出させないための民主主義の保証は、鶴見によれば、その集団が閉じられたものではなく、社会とつながっていること、そして集団の規模としてメンバー同士が互いに顔見知りの間柄になる程度の大きさとされる。しかしそこにおいても外部からの介入、あるいは内部での権力構造が形成されないという保証はないのであって、固定されたメンバーではないが、しかし継続性を持った集団とは、内容上で矛盾を含み、実際には維持がきわめて困難なものとなる。外部権力の介入を阻止しようとすれば、その集団は、ある程度閉じられたものにならざるを得ず、そうなれば内部でヒエラルヒーが生じる可能性が大となる。しかも集団の規模からして広がりにはある程度の限界が生じることになる以上、これは深刻な問題であると言わざるを得ない。社会運動における個人と組織との問題については、現在ではこの鶴見の視点をも包摂していくことのできるような視点、アソシエーション化と脱アソシエーション化とを含み込んだような過程が要請されている。これは今後のわれわれの課題でもある。

(3) 以上のような諸問題の基礎に、鶴見の視点を特徴付ける「アイマイさ」、「雑多さ」の問題を見ることができよう。日常的世界において運動を続けていく以上、そこにはどうしても「アイマイさ」、「雑然さ」が残らざるを得ないことは確かであり、また真正真円の思想のみを求める立場に対しての批判という意味では、この視点はそれなりに価値があるが、しかしその「アイマイさ」を「アイマイさ」のまま何処まで持っていけるかという問題が、実はここから出てくる。すなわち「アイマイさ」の存在とは、融通無碍の解釈へと流れていく可能性を絶えず有しているということであり、現実には先ほど指摘した権力との関係で、どうにでもなってしまう危険性もあるということである。これに対する厳密さという規定が、運動の場合に硬直性を招くとしても、ルーズな組織では、やはりその程度が問題とされねばならないであろう。この意味で、運動における「アイマイさ」と厳格さの基準を、別の視点から――例えば、客観的諸条件と主観的確信の程度の統計的確実性という問題の立て方も可能であろう――検討していく必要もあると思われる。この点については、「アイマイさ」の今日的考察が不可欠であろう。

以上のように、鶴見の視点には、その有効性とともに、現時点の運動から見てのずれも感じられる。しかしそのことを押さえた上で、そこにはなお多くの評価に値する見地と現代のわれわれの運動に対する示唆がある。本書は、このような鶴見の思想をできる限り具体的な問題とからめてとらえることを試みた。すなわち、**第1章「プラグマティズムについて」**では、鶴見の基本的な視点をなす思想、プラグマティズムの概観を説明し、その「折衷主義的方法」としての機能を特徴づける。**第2章「民主主義について」**では、「生活」に根ざした庶民の民主主義について考察する。**第3章「アナキズムについて」**では、鶴見のいう民主主義の徹底としてのアナキズムが、「抵抗としてのアナキズム」であり、文化運動を含んだかたちでの現代社会批判にまで広がっていくことを解明する。**第4章「個人と組織の問題について」**では、個人が組織を考える場合に、個人において「自分を分割して」「分裂して考える」ことが、組織における「アイマイさ」「雑然さ」すなわち包容力の容認という姿勢につながっていくことを指摘する。**第5章「転向について」**は、転向・非転向の分析から、日本社会の構造そのものがあぶりだされてくることを確認し、その意味づけを探る。**第6章「日本のアイデンティティーについて」**では、吉田満『戦艦大和ノ最期』をめぐっての日本のアイデンティティーの論争を題材として、鶴見の民族・国家・政府についての姿勢と批判の視点を解明する。そして、**第7章「家族について」**では、鶴見の出発点である「私的な根」に戻って、日常生活からの批判の視点と問題点を再確認する。

本書は、このような諸側面から鶴見の思想をとらえようとするが、当然のことながら、そのすべてをとらえきれているわけではないし、最も根幹に触れる側面について、少しでも切り込むことができておれば幸甚と言うほかない。けだし日本の民主主義を考える上で不可欠の思想家と言える鶴見の思想を理解する一助となればとの思いである。

（註）　鶴見が関わった主な戦後社会運動等は、次の通りである（鶴見俊輔『期待と回想』下巻、「主な作品年譜」参照）。

- **一九四五年**　雑誌『思想の科学』創刊に参加（一九九六年休刊）
- **一九六〇年**　市民運動「声なき声」発足に参加。日米安保条約決議に抗議して、東京工業大学助教授を辞任
- **一九六五年**　べ平連（「ベトナムに平和を！　市民連合」）発足に参加
- **一九七〇年**　大学闘争において大学当局による機動隊導入に抗議し、同志社大学教授を辞任
- **一九七四年**　「金芝河の会」発足に参加
- **一九八三年**　雑誌『朝鮮人』発行を飯沼次郎から引き継ぐ（一九九一年終刊）
- **一九九〇年**　「自衛官人権ホットライン」発足に参加

凡例

引用文献については、『鶴見俊輔集　全一二巻』（筑摩書房、一九九一〜一九九二年）からのものには、その巻数とページ数を、（巻数－ページ数）であらわした。

また『鶴見俊輔座談　全一〇巻』（晶文社、一九九六年）等の書籍については、複数回引用の場合、以下の略号を用いた。

・『鶴見俊輔座談　日本人とは何だろうか』……（N）
・『同　戦争とは何だろうか』……（S）
・『同　家族とは何だろうか』……（KZ）
・『同　国境とは何だろうか』……（KK）
・鶴見俊輔『期待と回想』（晶文社、上巻、一九九七年）……（期・上）
・鶴見俊輔・鈴木正・いいだもも『転向再論』（平凡社、二〇〇一年）……（再）
・吉田満『戦中派の死生観』（文藝春秋、一九八〇年）……（戦）
・加藤典洋『敗戦後論』（講談社、一九九七年）……（敗）

なお、引用箇所の傍点はすべて著者によるものである。

鶴見俊輔ノススメ●目次

装幀　高根英博

第1章　プラグマティズムについて

――『アメリカ哲学』（一九五〇年）、『折衷主義の立場』（一九六一年）解題

1

鶴見のプラグマティズムを理解する最大の手引きは、今なお『アメリカ哲学』（＊1）であろう。この書は、本格的なプラグマティズム紹介の先駆けとなったものであり、同時に、当時の日本の哲学の状況に対する根底的な批判の毒をも含んでいる。（この側面については、今日もなお有効である。）

鶴見は、プラグマティズムをその発生から説き起こし、発達の諸段階を叙述した上で、これを次のように特徴づける。

「人生全体を各個人の行為の連鎖と見れば、考えは、これらの行為と行為とをつなぐ役目をするものであり、行為の一準備段階と呼び得る。プラグマティズムの主張の中心は、行為の一部としての思想の性格が、（略）世界観や形而上学をふくめてのあらゆる種類の思想に共通するということにある。『考えは行為の一段階』という主張を中心としてどんな思想を展開することができるか。プラグマティズムの主唱者は、この中心概念を倫理的と論理的と心理的との三つの面において解釈し、さらにこれを功利主義的傾向と実証主義的傾向と自然主義的傾向に沿うて発展させた」（1–146）。

そしてこれら三つの傾向は、それぞれ、行動（pragma）に対して、次のようにアプローチする。

1　功利主義的傾向

「もし考えが行為の一部なら、考えは意志の主権化に属するものであり、考え自体

＊1　この書は、一九五〇年の発刊以来、加筆再版を経て、現在では、講談社学術文庫『新装版　アメリカ哲学』（一九八六年）として出版されているが、本書では『鶴見俊輔集1　アメリカ哲学』を用いた。

としての基準の他に、行為の基準にも従わねばならぬ。行為の基準とは倫理的基準である。そして、プラグマティズムの主唱者によれば、倫理的に正しいことは人間の利益をなるたけ阻害せぬこと――つまり、最大多数の最大幸福ということに当たる」（同）。

思想が行動の一部である限り、行動の基準（功利主義的な基準）に従って、思想もまた展開されるべきである、というのがプラグマティズムの主張とされる。

2　実証主義的傾向

プラグマティズムの基本的視点から言葉の意味を把握しようとするならば、「言葉はなんらかの行動の型をその意味として持つという結論が得られる」（同）。このことから、プラグマティズムは、「意味ある文章とは、なんらかの行動に導くもののみであり、その他は意味なき文章ということになる」（同）と主張する。そして、この意味ある文章のみを用いて、思想を形成していくことを提唱する。これは、伝統的なヨーロッパ哲学に対して、特に抽象的で不毛な議論に対して、有効な武器となる。すなわち、意味ある言葉をより明確にしていくことで、われわれの思想の明確化がはかられる。

3　自然主義的傾向

「これは心理機能としての考えをとりあげ、考えが行為の一環としてどのような性質をもつかを解明する」（1–147）。

つまりこの傾向というのは、いわば思想を、心理学をはじめとする諸科学の研究成果を利用することによって研究しようとするものである。これは、人間の思想のあり方に対して、これまでとは異なる視点を提供するとされる。

以上のことから、プラグマティズムでは、行動を中心に置き、これに倫理的・論理的・心理的の三方向からアプローチして、これらの基礎の上にさらに、功利主義的・実証主義的・自然主義的な三傾向を有する諸プラグマティズムが成立する。鶴見のたとえを借用すれば、三角形の三つの底辺の上にあらわれるさまざまなかたちの立体図形がプラグマティズムであり、そのかたちは、個々の思想家・流派によって大きく異なる。それゆえ「プラグマティズムを他の諸思潮から区別する最大の特徴は、個々の底辺の性質よりも、これらの底辺が共通の中心概念を抱いて集合するその基本形態にある」(1–149)とされるのである。

2

以上のように、プラグマティズムには、さまざまなかたちのものがあり得ることが示唆された。しかしこの思想は、もともと行動と結び付けての「意味とりの技術として発達して来た」(1–279)ということがプラグマティズムを方法的に規定する。

ここで鶴見は、「行動とむすびつけて意味をとらえるといっても、それには二つの場合を区別する必要がある」(1–282)として、思想の「指示対象」と「使用状況」を区別する。

すなわち、①「ある思想が何をさししめすか〔指示対象〕をとらえること」(同)、「その思想の妥当性を実証するような行動」(1–284)について知ること、および、②「ある思想がどういう役割を果しているか〔使い道〕をとらえること」(1–283)、「その思想を使う人々の行動がどんなものであるかを知ること」(同)である。

鶴見は、これら二つの行動を区別し、しかも両方に関心をもつことをすすめる。というのも第二次世界大戦中から敗戦後の時代を通じて、わが国では、「思想の真偽・正否に興味をもつ人は、思想の使われかたには興味をもたぬ人である。また逆に、思想の使われかたに興味をもつ人は、思想の真偽・正否には興味をもたぬ人である。このことによって、日本の学者、評論家、思想家をだいたい二種に分類することができる」（同）という状況が生じ、日本の思想状況の不毛性をもたらしたとみなすからである。

プラグマティズムは、思想の本質を二種類の行動によって把握して、従来の哲学的思索法の欠陥を克服しようとする。そのために、「他の多くの哲学体系が常識をひっくりかえした地点から出発するのと対照的に、プラグマティズムは、常識と地つづきの場所から出発し、常識をひろげていく仕方を採用する」（1–282）。また、このような仕方は、「それぞれの時代における世間的な知恵から抽象化したものとして思想をとらえる結果となった」（1–284）。すなわち、プラグマティズムの方法は、思想をきわめて常識的な視点から、実際の使用状況に照らして検討するというスタンスを示しているのである。それゆえ、そこには、相対的であるとともに、また調整的かつアイマイな部分を残す立場が存在することになる。

鶴見は、プラグマティズムを「折衷主義の哲学」として位置づける。そしてこのことは次のような問題状況から由来する。

「思想の領域におけるすべての発言を、一つの観点から整理しなおして、一望のもとに見わたすことは、現在の私たちの力を越える課題である。そこで、どうしても、思想問題にかんしては、いくつかの観点がのこることとなる」（1–304）。

これらの観点をどのように扱うか、そこにプラグマティズムの特質があらわれる。すなわちこれらの観点が完全には統一できないことを認めた上で、これらの間の調整をはかろうというわけである。

「それぞれの観点を主軸として、可能なかぎり高くよじのぼって、可能なかぎりひろい展望を計り、それから次には、そこから見えないものの見える場所に移って、その別の観点をよりどころとして、また可能なかぎり高くよじのぼってあたらしい展望を計る。そういうふうにして、たがいに相当程度に、ふくみあい、しかも、すこしばかりくいちがうちぐはぐの世界像をくみたててゆくのが、プラグマティズムの流儀である」（同）。

このプラグマティズムの役目は、それぞれの思想の観点の使い走りをする「お茶坊主」としてたとえられているが、鶴見は、「現代人にとって共通の思想的遺産となるべきプラグマティズムは、イデオロギーとしてでなく方法として、把握されねばならぬ」（1–305）ことを強調する。

そしてその立場として、「役柄交換説（role-taking theory）」（1–304）が特徴となるとされる。「役柄交換説」とは、主として、G・H・ミード（G. H. Mead, 1863–1931）（＊2）によって唱えられた説であるが、彼は、「自我」の形成において社会的諸関係の決定的な役割を明らかにし、「自我」の本質が社会的自我であることを主張した。そしてこの「自我」は人間の成長過程において、ある個人が自分以外の他人の役割を想像し演じることを通じて獲得されるとした。つまり個人は、ある社会集団の他のメンバーの振る舞いや態度を自分の内に採用していく度合いに応じて、その社会集団のメンバーとなっていくのであり、こうした他人の行為・態度をミードは、「一般化された他者（generalized other）」と呼んだ。すなわち個人は、自分自身を「一般化された他者」の眼で見ることによって、社会的自我

＊2 ジョージ・ハーバート・ミード
アメリカの社会心理学者、哲学者。デューイの同僚で、プラグマティズムのシカゴ学派に属し、社会行動主義を唱えた。

としての自我を意識していくのである。

鶴見は、この「役柄交換説」を踏まえて、プラグマティズムの果たす役割を、次のように規定する。

「思想の方法にたいして、プラグマティズムのあたえる処方箋は、一挙にして、人類史上の一時点に合理性をうちたてることでなく、科学と、とくに〔意味とり方の〕技術をベーシック・ロールにおきつつ、それ以外の諸観点とくりかえし役柄交換を活溌におこないながら、より大きな合理性にむかうドラマを設計することにある。最後の幕についての定見をもたず、せいぜい次の幕にむかうまでのドラマの発展についての方向感覚しかもちあわせていないので、不可知論と紙一重であるが、ここには最小限度の方向感覚はあるので、不可知論と混同されてはならない」（1-318～319）（＊3）。

それゆえ、プラグマティズムは、みずからの方法によって、あくまで調整者として振舞うことが要請されている。そしてこれが、この思想の本来の姿である。

「根本的に、プラグマティズムは、複眼によって世界を見る立場にたっており、さまざまの見方のより深い結合（インタグレーション）を目ざしこそすれ、見方の統一（ユニフィケーション）を目ざさない」（1-284）との指摘は、まさしくその本質を突いている。

3

以上のような観点と方法をもったプラグマティズムは、社会の諸問題に対してどのような可能性を有しているか。鶴見は、これについての考察とともに、また哲学そのものの改造にまで論を進める。

＊3　このことに関連して、鶴見は、「今ふりかえって見て、アメリカ哲学から私がおそわった中でもっとも大切なものと感じられるのは、本質を何か特定のモノとして固定して考える仕方をうたがうことである。うたがう権利を社会的行動の中で行使してゆく道を、ミードの思想は準備する」（1-104）と語っている。

プラグマティズムの可能性は、まずその姿勢から出てくる。すなわち「状況の中から出発する」(1–169) ことである。そしてこの「状況」とは、ある個人の置かれている、それぞれの状況を意味する。つまり「哲学思想はその作り主の興味を強く反映する。哲学思想は、ある個人がその要求を満たしうるように環境に働きかける努力の一部をなすもので、その作り主の性格、体質、境遇、時代などの刻印をうける」(同) ということである。ここから、「他人の哲学をはっきり理解するためには、その思想がどんな下心から出発したものかをまず知っておく必要がある。また自分の哲学思想を発表する場合には、それがいかなる歴史的、社会的、生活的、体質的、性格的必要から生まれたものであるかを、何かの形で示すことが便利である」(1–169 ~ 170) ということが出てくる。

このことは、哲学思想の主張、論争、批判の仕方について、従来とは異なった取り扱い方が必要となることを意味する。そしてその根幹となるものは、「哲学が学問でないということを認識すること」(1–170) とされる。すなわち前記の見地からして、「それぞれの人の生き方、見方、考え方、の反省としての哲学は、学問におけるような厳密さをもって問題を解くことができない。そこでアイマイな思索、あてずっぽう、思いこみ、好ききらい、などがどうしても入ってくるようになる。そういう思索にも頼るのが、哲学なるものの正道であると思うのだが、しかし、それに頼っている時には、そのように自覚していなくては困る」(1–259) ということなのである。換言すれば、「よくわからない事を『わからない』と言い、アイマイな事を『アイマイだ』と認め、自分の使う言語の効用と限界について明らかな反省を持ちつつ進む、思索」(1–260)、いわば哲学の「ニセ学問としての自覚」(1–259) である。「かくて哲学は、今まで無理矢理に裃を着せられ、ことさらに威厳をつくって諸学の系列にまぎれこんでいたが、これからはその高座から下りて庶民の生活の中に入ってゆく」(1–170) ことになる。

これは、「哲学」自身に対して、自らの枠を破って、率直に現実生活の中で思索することを求めるものであり、プラグマティズムの見地からする「哲学」の解体宣言である。そしてこのことに関連して、鶴見は、「俗語を哲学の用語として新しく生かす」(1–171) ことを提唱する。これは何よりもジェームズ (W. James, 1842–1910)(＊4) の業績であるとされるが、ジェームズの哲学叙述法に見られるようなスラングと俗語の使用、実物教育、実験との結びつき、興味の役割の強調等に学び、「『厳密なる』術語の代りに、もっと形のくずれた、しかしもっと気のきいた表現法」(1–172) によって、「軽やかに楽しく運ぶ」(同) 思索の効用も、もっと用いられてもよいのではないか、ということである。プラグマティズムの姿勢から出てくる発想は、「厳密さ」自体を否定するものではないが、ことさらに難解な用語や言い回しを使用することに固執するのではなくて、本来的にこのようなものであったと言えよう。

> 「天性厳粛な人にとってはこんな軽やかな足どりに合わせて思索を運ぶことは不快かつ無益である。しかしこれまでの日本人のようにもともと厳粛でなく生まれついた人間でさえも無理に厳粛そうな顔をして厳粛な言葉を使って自らの哲学を語らねばならぬというのも妙ではないか」(1–174 ~ 175)。

この指摘は、哲学の一面的な厳密性、論理的頑迷さのイメージに対するプラグマティズムの視点からの批判であり、生活、実験との実際的な結びつきへの提唱である。それゆえここから、プラグマティズムがそれを受け取る側での状況に応じてさまざまな版というべきものになっていく可能性を持っていることが理解される。このことは、プラグマティズムが、「急迫せる社会問題についても説得を通して関係者の相互理解を計ることによって

＊4　ウィリアム・ジェイムズ　アメリカの哲学者、心理学者。経験を「意識の流れ」と見る立場から「根源的経験論」を唱えるとともに、真理の基準が観念の有用性であるとしてプラグマティズムを確立した。

解決し得るとなし、和解の可能性を重視して闘争の必要を無視する」(1-176)ユーモア小説型、アメリカ市民版プラグマティズムとして存在し得るとともに、そこに存在する諸要素、諸記号を通して、他の諸思想とも共有できる諸国版のプラグマティズムも成立可能であることを意味している。

そしてプラグマティズム自身について言えば、「一つ一つの事実についての溺れるような愛情」(1-178)から発する「例外を愛する精神」(同)の重要性が指摘される。これは、哲学の「ニセ学問としての自覚」につながる問題でもある。

「価値の作り主は物質であり社会であるとしても、その実際の担い手は個人なのであるから、美とか善とか正義とかを論じるに当たっては、いくら面倒でも一人一人の人間の価値経験を参考にしなくてはならない。(略)哲学の問題についての答えは、問題の性質上、高度の確実性に達し得ない。答えには人によってかなりの開きがあるし、同一の個人においてさえも年とともに変わることが多い。(略)それゆえに、例外に気をつけるということが純粋学術の分野におけるよりもさらに必要になって来る」(同)。

この「例外を愛する精神の尊重」とは、自らの方法の効用と限界を自覚しつつ、しかも現実に即して思索を進めるプラグマティズム的思考そのものであるが、これはまた寛容への態度へとつながっていく。

「生きてゆくためにはまず若干の自信を持たなくてはならぬ。しかし自信ばかりで押し切っては、やがていつかは他人を害する立場に立つ。自分たちは、いつも自分たちの信念がある程度までまゆつばものだということを悟り、かくて初めて寛容の態度を養うことができる。自信と疑問、独断主義と懐疑主義との二刀流によって、われわれは世界と渡り合うことにしたい」(同)。

プラグマティズムの可能性は、このように語られる。

4

ところが、この柔軟な視点を持つプラグマティズムは、鶴見によれば、次のような欠点をも併せ持つ。

その第一点としては、プラグマティズムに歴史性のないことがあげられる。

「歴史が個人の行動歴としてとらえられており、社会の歴史としてとらえられていないことである」(1–326)。

現実の世界に対してプラグマティックに行動するとは、まさしく個人が自分の周囲に働きかける以外にはないわけであるが、その個人の意識はまた、自分の周囲の日常的環境に限定される。そしてこのことについての自覚は希薄である。社会、歴史が個人に対して直接介入して脅かすような場合には、個人はそれに対して、抵抗、行動すると鶴見は言う。しかしそれ以外の歴史性については自覚されることは少ない。

第二点は、「記号論に出発したプラグマティズムは、世界の記号的側面以外については注意をはらっていない」(同)ことがあげられる。

「プラグマティズムは、記号論に重点を置くあまり、記号万能主義、コミュニケーション万能主義となり、記号およびコミュニケーションを賛美することによって人間社会の不幸はなくなるかのような幻想に指導されている」(同)。

人間社会の非記号的側面、コミュニケーションの裂け目、ディスコミュニケーションは、当然存在するものであるが、これについてプラグマティズムは、注意をはらわない。このことは、プラグマティズムが本来有していた「状況から考える」という姿勢を損なう問題であると言えよう。

第三は、「プラグマティズムが、折衷の方法としての自己の存在理由についての、自覚を欠いていることである」(同)。「折衷主義の高峰の中で、哲学史上にそびえたつ独自の高峰」(1–327)としてのプラグマティズムは、自身の限界についての自覚を絶えず持っていることで有効性を維持するのであって、この自覚を欠くことは、プラグマティズムの「お茶坊主」性の本末転倒となる。

以上のプラグマティズムの欠陥と関連して、第二次世界大戦後のアメリカと日本のプラグマティズムでは、①官僚化、②帝国主義化、③大衆化という共通的な思想状況が現象した、と鶴見は指摘する。すなわちプラグマティズムは、本来「正統的な思想のこわばりを行動との交流を求めることによって批判する力として、出発した」(1–287)にもかかわらず、これ自身がかえって「正統的な思想」となっている面がある(官僚化)。とりわけプラグマティズムから発した「意味論の技術化」は、その研究者を大学内部に閉じ込め、大衆から遠ざかった、権力との関係をもつものとしている。また歴史を社会の歴史としてとらえることをしないプラグマティズムは、同時に、「個人の意志とは独立に歴史を推進する力としての経済的諸力についての認識を欠く」(1–290)ことによって、結果としてアメリカ帝国主義体制の一部分として組みこまれることになる(帝国主義化)。つまり「帝国主義にたいして積極的に賛成し、これを推進するものとしてプラグマティズムは帝国主義化するのではなく、帝国主義の理念をつかみ得ず、これに自覚的に反対しないということによって、プラグマティズムは帝国主義化するのである」(同)とされる。さらに、「プラグマティズムの官僚化、帝国主義化は、その傾向を支持強化するために、これらに対応する俗流プラグマティズムを作る必要をもつ。マス・コミュニケーションの諸ジャンルの中に登場する、チャッカリした人間像とその生活技術は、この意味におけるプラグマティズムの大衆化と考えてよいであろう」(1−291)という点は、われわれの日常に馴染みのものであろう(大衆化)。

しかしこのような傾向が存在するとはいえ、鶴見は「官僚化、帝国主義化、大衆化のコースがプラグマティズムにとってただ一つの可能な発展のコースではない」(同)として、次のスタンスを採用するべきであるとする。

「プラグマティズムは、必然性という概念に重きをおかない。思想史にたいしても、ある思想流派にとって必然的な一つの発展のコースを固定的に考えることをしない。私たちが、プラグマティックな精神にたって、プラグマティズムの発展の歴史を見るとするならば、私たちは、プラグマティズムが現実のどの領域において妥当性を実証されて来たか、どの領域でどのような使い道で用いられることが適切であるかについて、私たち自身の仕方で積極的にプラグマティズムの意味をくみとって、そのかぎりにおいてプラグマティズムを生かすように試みるべきであろう」(1−291〜292)。

このプラグマティズムへの、欠陥や問題を踏まえた上での可能性への期待、これが鶴見のプラグマティズム観を特徴づけるものであろう。そしてこのことはまた、プラグマティズムそのものの本質とも照応していると言えよう。

「[プラグマティズムについて――引用者]このようなより包括的な体系がつくられる場合にも、プラグマティズムの根本的な特徴としてのこるのは、歴史の最後のページを書くもののおちいりやすいコワバリから自由であるという役割交換の性格、つねに暫定的に物事をとらえてゆき、あとの訂正に応じるというマチガイ主義の性格である」(1–328)。

5

以上、鶴見の提唱するプラグマティズムの特徴を、その構造、方法、折衷主義的性格、可能性そして欠陥と現況というかたちで検討してきた。この中でプラグマティズムの基本的立場の多様性が理解されるとともに、このような構造を持ったプラグマティズムが、「イデオロギーとしてでなく、方法として把握されねばならぬ」ということが強調された。このことは、プラグマティズムが、真四角のレンガを一つずつ積み重ねて構築される建物のような哲学体系ではなく、どこからでも自由に出入り可能な中庭のようなものとして構想されていることを意味する。これは、従来の哲学思想観に対する批判であるとともに、プラグマティズムの有効性がどこにあるかということを再確認するものであった。

しかしこれとは矛盾するようであるが、この有効性を保持している力が、実はプラグマティズムには難しいというのも、鶴見の正直な見解であった。それは、次のように語られる。

「折衷の方法としての地力を発揮し、現在の世界に何らかの善をなそうとするならば、プラグマティズムは現在のようにアメリカの植民地的支配の目的のためにつかわれることから自分をふりほどき、被圧迫諸民族の利害(インタレスト)に奉仕しなくてはならない。この目的意識は、どこからあたえられるか。やはり、プラグマティズムの外からあたえらるべきものと、私には思われる。ここでも、やはりプラグマティズムは、他の流派の思想による補強を必要とする。階級的利害と結びつく仕方についてはマルクス主義から、少数者の利害と結びつく仕方については実存主義から学ぶことが必要となる」（1–327）。

右の叙述で他の諸思想流派の配置と関係については、少々古い時代のものとなっているが、プラグマティズムが他流派から学び、それと結びついて、ある方向性を持つことができるという折衷主義的、調整的本質が示されている。しかしこのことは同時に、プラグマティズムが、方法としてではなく、イデオロギーとして使用されているという現実をも示している。アメリカ帝国主義化されたプラグマティズムが問題であるから、そこからの脱出をはかるという主張も、プラグマティズム自身に含まれている諸矛盾を明るみに出すことにしかならないのではないか。すなわち折衷主義的、調整的機能を発揮しようとすれば、イデオロギーとしてあってはならず、また逆に、ある種のイデオロギーとしてでなければ、折衷主義的、調整的機能を発揮できないというプラグマティズムのディレンマをどう解決するるか。まさしくここにプラグマティズムの折衷主義的、調整的機能を期待するというのは皮肉であろうか。しかし他面、この機能の有効性は、それとして厳然と残っているのである。

第2章　民主主義について

——『私の地平線の上に』（一九七五年）

1

第1章で検討したプラグマティズムの立場から、鶴見は、戦後から今日にいたるまで日本の社会状況に対して積極的な発言を続けている。特に民主主義の問題については、プラグマティズムの折衷主義的、調整的機能の視点から、「生活」に根ざした民主主義を提唱してきた。本章ではこの点について考察する。

さて鶴見は、さまざまなところで自分自身の生活についてふれているが、その根幹にかかわるところでは「大衆」の重要さを指摘する。

「どちらかといえば、人間にとって根源的なのは、大衆としての生き方なので、知識人も結局、大衆的なものだという気がするのですね。大衆はマスではなくて、それぞれ辺境に生きているものなんだ。だから知識人が辺境に生きて大衆はマスだという考え方は、前衛的知識人の迷信だと思うのです。そんなものじゃないと思う。結局、大衆は辺境のなかに生きているし、知識人も辺境に生きるんだけれど、知識人は大衆として辺境に生きている」(N–125)。

ここでは社会的に有名なエリート・英雄に対する無名の庶民・大衆の立場が、後にふれる知識人に対する批判とともに示されている。この無名の庶民・大衆の立場に根を張るという視点は、鶴見の戦争体験に由来するものであるが、戦争における「大量死」の意味を考察するところにも示される。

「なぜヒトラーは有名で、アウシュヴィッツで殺された二百万のユダヤ人は無名なのか。学者にとっては、自明の理であるその答は、よく考えてみると、それほど自明ではない。歴史記述の便宜上、ヒトラーの名をのこし、ヒトラーによって消された人々の名を消すということであって、そのような処置は、あくまでも、便宜上の処置にすぎない。それ以上の思想的根拠、価値的根拠があるわけではない」(8–106)。

無名が有名であり、有名が無名であるとする立場は、戦争の犠牲者に対する認識であるとともに、現在生きている庶民・大衆こそが社会の担い手であることを主張する。すなわち庶民・大衆はそれぞれの小さな生活を生きているわけであるが、それぞれが自分の生活の主人公であることを自覚している。そのことは、庶民・大衆が持っている生活の感覚とその思想が切り離されているのではなく、いわば生活のスタイルとして思想が存在していることを意味している。庶民・大衆が持つ、当たり前、まともさという常識感覚がひとつの思想となっているのである。このことは、庶民・大衆の思想が、知識人の持つそれよりも低いということを意味しない。鶴見は、「生き方のスタイルを通してお互いに伝えられるまともさの感覚は、知識人によって使いこなされるイデオロギーの道具よりも大切な精神上の意味をもっています」(5–185)と評価する。

この庶民・大衆の思想は、普通われわれが哲学・思想ということで考えるものとは大分様相を異にする。それは鶴見によれば「習慣変化」と呼べるものであり、別の言い方をすれば、「人間のもつ思想は、はじめにロゴスがあって、それが思想の全体をつらぬくというふうなものではありにくい。ほとんどの場合に、思想は、行路の途中で気づかれた思想である」(8–209)ということでもある。したがって庶民・大衆の思想は、その生き方の中に見出されねばならない。このような思想の考え方は、近代化されてこの方の日本においては思想の名に値しないとされ、無視ないし軽視されてきたが、鶴見は、実はこれがプラグマティズムの思想観であることを指摘し、その有効性を訴える。すなわち庶民・大衆が自己の生活スタイルとして持つこの思想こそが、戦後の日本の民主主義の発展を考える上で非常に重要な手がかりを与えるとされるのである。

2

さきほどの「思想」に関して再度述べるならば、「どうも明治以後の日本の用語例では、『思想』という言葉は、ブロック建築のように、きちんとつみあげられた観念の建物を言うらしく、まとまった一定の形が要求される。はじめにおわりまでを考えぬいた上でつくりあげられた観念の体系を言うものらしい」(8-208) ということである(＊1)。

このことは、大学で講じられているいわゆるアカデミズムの哲学はもちろんのこと、戦前の国家体制の思想にも、また戦後民主主義の思想にもあてはまると考えられている。しかし果たしてそうであろうか、というのが鶴見の提出した問題である。大学アカデミズムと戦前の国家体制の思想に関しては、右のことはまだしも首肯できるとしても、戦後民主主義の思想について、「ブロック建築のように、きちんとつみあげられた」というようなものが最初から存在していたのかどうか、そしてそれが現在のわれわれのあいだになお存在しているのかどうかについては、疑問を持たざるを得ない。ところがわれわれには、ともすれば、戦後民主主義を疑わざるものとして、これ一色に染まってしまったように感じている側面が存する。

しかしこのようなあり方で存在している民主主義の理念とは、一種の「呪文」として作用していると言えよう。それは、戦前戦中に宣伝された「必勝の信念」と同様の構造を持っていて、一つの「枠」として人間の思考を導く機能を有しているのである。周知のよう

＊1　この点について、鶴見は、続けて「それにしては、明治以後の学者や思想家には、国家の政策のかわりめごとに自分の観念の体系の一貫性をくずして大きな模様がえをした人びとが多いのが、そのような思想の通念にてらしあわせて変に思える」(8-208) と述べて、日本の知識人階級の無節操ぶりを批判する。

に、民主主義の観念は、戦後の日本社会の形成発展にあたって巨大な影響を与え続けて、あたかも空気が存在するように社会に存在している。しかしその民主主義の観念が、ある意味では「呪文」としての側面を有しているということ、そしてこの「呪文」は、「呪文を破られないかぎり呪文としては相当なもの」（8–255）であるが、「呪文というのは、いったん破られたら怖い」（同）という面をも有していることを鶴見は指摘する。

そこで鶴見は、思想を「きちんとつみあげられた」観念のブロック建築として見るのではなく、「習慣変化」、「信念と態度の複合」（8–253）として考えること、「信念と結びついている態度」（同）として見ることを主張する。この視点からすれば、民主主義を「呪文」（抽象的原理）としてではなく、生活スタイル（具体的原理）の問題としてとらえなおすことの意義が出てくる。さらに鶴見は、「信念だけで見ない、態度を重く見て態度との複合で見るということになりますと、家の中の思想を重く見るというほうに自然に重点が行きます」（8–256）、すなわち「家の中そのものに世界の思想を押し込めてそこから見る、これは、われわれはテレビを見て感想をいうということでやっているわけです」（8–258）として、この意味で「家」の場の中心としての役割を果たしてきた女性についてその積極的な側面に注目する（「女性原理」）。この原理は、多分にアイマイなものを含んではいるが、生活的に「自立」した個人の「自治」を意味する。それは、経済的に「自立」しているかのごとく見えているが生活的にはまったく「自立」し得ていない男性原理の急所を衝く原理である。「生活」そのものがそのまま「自治」による運動になっていくような「女性原理」にもとづく運動、これが、鶴見の言う民主主義の原点をなしているように思われる。ここから成立していく民主主義は、それゆえ「男と男の抽象的な原理」（N–374）によって支えられるようなものではなく、「小さな『人と人のあいだ』をだいじにして、がっちり組んだ運動」（同）であり、深い人間的結合に基盤を置く運動である。これは、民主主義を大きな政治運動としてみる視点からすれば、「状況がわるくなったときに、小さくもちこたえる思想にすぎない」（Ⅳ-380）とされるかもしれないが、鶴見は、これに対して、「自分で動かせないような大きい運動にしても、穴倉の部分を抽象的なスローガンで埋めるようなかたちでは、まずいと思う」（Ⅳ-381）として、「どんなに小さくても、女性的な原理が『家』を少しでもはみ出してつながっていくような運動であれば、さまざまなしかたでもちこたえられるのではなかろうか」（Ⅳ-380）と、「女性原理」の有効性を対置する。

ここには「家」という庶民・大衆の立場からの民主主義のあり方が、それまでの民主主義の運動とは異なるスタイルで説かれている。このような民主主義の運動が、「家を少しでもはみ出したところ」に結実したのが、例えば原水爆反対運動であり、公害反対の市民運動である。これらの運動は、社会の一般的な発展法則の解明から特定の問題の解決に向かってなされたものではなく、その反対に、特定の地域の運動から始まって、社会の法則的知識を求める方向に動き、既成の勢力に影響を与えていったのであるが、まさしく「家」の中から起こった民主主義の運動であり、それらの運動の最初の担い手からしても、「女性原理」にもとづく運動であったと言えるであろう。

3

ところがこの民主主義の運動は、特定の問題、特定の地域の運動から始まったとはいえ、やがては国家権力の障壁と衝突するにいたり、また既存のさまざまな政治勢力との関係を持つことになる。そうなると鶴見の提唱してきた民主主義は、庶民・大衆の生活スタイルという小状況に根ざしながらも、これとは次元の異なる大状況に関係せざるを得なくなる。このところの関係をどう見るか、という問題が生じる。

これについて鶴見は、民主主義ということの内容を、消極的と積極的とに区分する。前者の消極的民主主義とは、「国家の政治をより多く民主化することを望みはするが、政府の側から国民の自由をせばめてゆくようなことが起った時には、反対せずに甘んじて自由をせばめられてゆく、（略）退いてゆくという行動様式と思考様式」（1–463）を意味する。ところがこの消極的民主主義は、近代的な諸制度・技術との結合ができ、その結果として「消極的民主主義という一点においてはきわめて前近代的なままに、人間の知的装備はきわめて複雑なものになり得」（同）る「実務的知識人」（近代日本の知識人の主流を占める）が出現する。しかし彼ら「実務的知識人」は、世界の刻々の情勢に応じて、自らの人間に関する価値判断の根本的基準が変化したことに関して鈍感かつ無責任な存在であり、かかる消極的民主主義は、現状を肯定追認する以外の意味を持たないし、民主主義の名に値するかどうか、疑いが残る（＊２）。

これに対して、後者、積極的民主主義とは、「興味は私生活の充実に向けられる。天下国家の問題を論じることを好まない。しかし、自分の私生活に天下国家が干渉してくる時、天下国家を論じることをこばまない」（1–466）という姿勢であり、「これこれの条件まで自分たちの生活が国家によって引きさげられたならば、自分たちは政府と関係のない私人であっても結束して、政府を倒そう」（1–463）とする姿勢を指す。これは、政府国家に対する抵抗権の表明であり、政府を倒すこと（革命）へとつながる。鶴見は、この、「私人であっても」（市民の生活や「自治」に関して）国家からの介入に対しては断固として抵抗するというところに民主主義の基本を見ており、このような結束が、国民の中での共通事項

＊２　「なにゆえに昭和十年代には戦争が文明の母であり、昭和二十年代には戦争は許すべからざる野バンであり、昭和三十年代にはある程度妥協せざるを得ない慣わしであるのか。このような根本的座標の変化に対してなんのいたみの感じない精神構造を、私は危険なものと思う」（1–464）という的確な批判は、戦後六〇年を経て「戦争のできる普通の国」への道を本格的に歩み出した現代日本に対しても、きわめて説得力のある警鐘となり得よう。

となっている場合にのみ、民主主義は成立するとしている。したがって民主主義とは、自分の生活を守る決意、「自治」を擁護する姿勢であり、それは最終のところで、これを侵犯する国家政府に対する抵抗・革命の可能性を含んでいる。これについて鶴見は、「だから、革命の可能性を完全に抜きにした場合には、民主主義もまた成立しないことになる」（同）と述べる。

ただしこれと同時に鶴見は、第1章で述べた、およそ思想を検討する場合の「思想を実証する行動」（指示対象）と「思想を使用する行動」（使い道）の区別の必要を指摘する。思想のこれら両面は、区別されるが、しかしまったく無関係に存在するものではなく、思想の意味はこれら二種類の行動を重ね合わせてみることによって把握される。右の民主主義の場合にも、これらの行動が分離されてはならず、この意味で、自己の生活からかけ離れたものとしてではなく、自分の生活や「自治」に関わる、手の届く範囲での民主主義が要請されるのである。

かかるかたちで進められていく運動とは、さしあたっての規模としては、それほど大きくないことが予測される。運動の規模よりは、そこに参加している人びとの間での信頼できる人間関係が、まず重視されねばならない。鶴見のいう「女性原理」を基礎にした運動は、前出の「小さな『人と人の間』をだいじにして、がっちり組んだ運動」でもある。そしてこのような運動であれば、社会的な状況がかなり悪くなったとしても持ちこたえられ、長続きするだろう、というのがその主張である。

鶴見のこのような民主主義観が、庶民・大衆の生活とは分かちがたく結びついているということを見てきた。そしてそのような庶民・大衆の持つ民主主義のもう一つの可能性が、多元性ということである。鶴見は、次のように述べる。

「庶民というものは、わたしのことばで言えば、異心のあるもの、違う意見をもったものがいてもいいじゃないかという思想を、からだの反射としてもっている人間のことですよ」(N-444)。

「横向いている人間を尊重するという考え方が、直接民主主義そのもののなかに植え込まれなければ、日本人にとっても、もうすでに一つの島とか村になった人類にとっても救いようがないですよ。(略) みんなのなかにちょっと違う人間がいて、いいんじゃないか。それを肉体的に抹殺することはないんだ、というふうな反射意識を植えつけていくことが、日本にとっても世界にとっても必要だという気がしますね」(N-443)。

これは本章の冒頭でも述べたように、戦前の天皇制国家のイデオロギーに対する批判であり、また戦後民主主義を錦の御旗として推し進めてきた勢力への批判ともなる。すなわち異なる意見の存在を認めるとは、従来より主張されてはいたが、実際にはそれほど実現されてきたとは言い難い「少数意見の尊重」から一歩進んだかたちであり、異なる意見の存在を、ことさら構えた姿勢で対処するのではなく、自然の振る舞いとして扱っていく態度である。ここから鶴見は、原理原則による運動や思想の押しつけを拒否し、高邁な理想や理論よりも、庶民・大衆の生活実感を尊重する。

「かくあるべし、かくありたいと真円のような空中の思想を押しつけたがる人はいます。けれども、庶民のほうは、つねに地上に足をつけて歩いていきたい」(N–445)。

「原理原則を押しつけるということに対するある種のこっけいさと、その非人間性に気がつかないと、人間はいまの状況からなかなか越えられないんじゃないでしょうか」(N–449 ~ 450)。

この鶴見の言葉は、また「体験から考えるという方法は、体験の不完結性・不完全性の自覚をてばなさない方法である」(1–450)という姿勢に裏打ちされている。そこにはまた、体験・生活という基盤に立脚しながらも、その体験・生活が次の新たなものによって変化していくというプラグマティストとしての冷静な自覚も横たわっている。かくして「ある種の完結性・完全性の観念に魅惑されて、その尺度によって状況を裁断するというようなことがないようにする」(同)という慎重な姿勢が、小規模かつ地道ではあるが、長続きしていく市民運動を模索していく方向となる。

しかしながらこのような運動は、同時に多くの問題点も含んでいるように思われる。それは、この立場が庶民・大衆の生活に根ざしているという特徴そのもののうちに存在する。すなわち鶴見のいう「女性原理」「自治」による運動は、粘り強い側面を持っているとはいえ、その生活範囲の狭さに影響されるということは否定すべくもない。もともとそのような性格の運動であると言ってしまえばそれだけのことなのであるが、前に触れたように、プラグマティズム自体が歴史性を持たず、歴史を個人の行動歴としてしかとらえきれていないことの限界がそのままあてはまるのかもしれない。そしてこれと関連して、生活の枠とその外側の世界との関係の問題がある。すなわち社会問題への生活的道徳的関心があり、そして生活を圧迫してくるものに対して抵抗するという姿勢はあっても、その個人の生活を超えて、現代社会システムそのものに作用している経済的諸力・諸法則についての認識が弱いという側面があるのではないかということである。プラグマティズムが、経済問題への関心をややもすれば欠如していることについてはすでに述べたが、この点が、個人の生活範囲という枠そのものについて疑いを持つことを不問にする恐れはないであろうか。鶴見の提唱する民主主義の運動が、社会的政治運動へと形成される時、この点は重要な要素となる。

しかしこのような問題点にもかかわらず、鶴見のいう民主主義は、既成の政治勢力が見落としがちな視点——生活している具体的個人という視点——を持っており、またそれが、不完結性・不完全性を持つことを自覚していることで、運動の組織性と分散性との問題に絡めて重要な問題提起となっている。この民主主義の運動は、現存する諸勢力の運動と交差・分離しあいながら進んでいくものであるが、その中で鶴見のような視点がどこまで認められるかということ自体が、現代日本社会の民主主義度のバロメーターと言えるであろう。

第3章　アナキズムについて

――「方法としてのアナキズム」（一九七〇年）と「リンチの思想」（一九七二年）

1

鶴見の民主主義の徹底は、アナキズムというかたちで結実する。それは端的に言って「自立」の思想であり、「権力による強制なしに人間がたがいに助けあって生きてゆくことを理想とする思想」(9-3) として示される。このアナキズムは、世界の政治思想史・運動史からわれわれが連想するところのものとはかなり異なる印象を与える。すなわち通常用いられているアナキズムとは、ほとんどテロリズムの別名であり、鶴見も述べているように、「アナキストとは暗殺者の異名」(9-4) だからである。しかしながら本来のアナキズムは、権力によって強制されることのない共同社会を目ざすものであり、テロリズムとは無関係なものであるはずだが、現実の問題としてそのような理想的共同社会がそう簡単には実現しないという認識と苛立ちが、アナキズムをテロリズムに転化させる。人間の正義感、特に若者のそれがテロリズムに変わりやすいという理由もそこにあるとされる。

この権力者の肉体的抹殺をはかるアナキズムに対して、「鎮痛剤」としての「きばのない静かなアナキズム」(同) が存在する。これは例えば東洋的アナキズムというかたち (老子の思想等) をとるが、しかし鶴見によれば、この東洋的アナキズムの提唱者の多くが日本の軍国主義の協力者・推進者となっていったという「十五年戦争の実績のゆえに、信頼できない」(9-5) とされる。

そこで問題は、次のように立てられる。

「今の社会にある権力的支配に抵抗することをやめてしまった静かなアナキズムに転化するのでもなく、権力的支配関係をおしつぶすもう一つの権力的支配をめざすことでアナキズムからそれていく道をとるのでもない、アナキズムの道すじはどのようにしてあり得るか」(同)。

この問いに対する答えは、アナキズムが本来持っている基盤、「それを支えるかくれた部分」(同)に見出される。鶴見によれば、その部分とは「個人のパーソナリティであり、集団の人間関係であり、無意識の習慣をふくめての社会の伝統」(同)とされる。つまり鶴身にとってのアナキズムの目的とは、われわれ自身の生活そのものの足元に存在している素朴な共同的生活活動とこれに付随する生活感情の掘りおこしという側面を有している。そしてこのことはまた、近代社会――国家権力機構から文化風俗の隅々まで支配している資本主義社会的な能率社会――による個人の管理・抑圧に対する批判を伴う。

「結局は能率的な軍隊の形式にゆきつくような近代化に対抗するためには、その近代化から派生した人道主義的な抽象観念をもって抵抗するのでは足りない。国家のになう近代に全体としてむきあうような別の場所にたつことが、持久力ある抵抗のために必要である。二十世紀に入ってからうまれた全体主義国家体制のうまれる以前の人間の伝統から、われわれはまなびなおすという道を、新しくさがしだそうとする努力が試みられていい」(9–11 ~ 12)。

このようにアナキズムは、権力批判、「抵抗としてのアナキズム」(9–18)として提出される。それは、生活の細部にいたるまで介入してくる国家に対して闘う準備をする理論であり、「権力とは区別された自主管理の形」(9–23)を求める運動であり、決定論的な世界観・歴史観に対する「うたがう権利の留保」(同)である(*1)。

またこれは、社会変革の運動の内部では、それ自身を律する思想でもあらねばならない。この、従来の運動の歴史において、ほとんど見落とされ実現されてこなかった点について、

*1　決定論的世界像について、鶴見は、「国家にとっては、決定論を採用することが支配につごうよいし、ある一つの進歩の理念を事実そのものであるかのように人に信じさせることがつごうがよい」(9–23 ~ 24)と、国家によるイデオロギー操作に警告する。

鶴見はこう述べる。

「持久力のある抵抗は、いきいきとした革命の内面像に内側からてらしだされる時、はじめて可能になる。そうした抵抗のつみかさねが、ある歴史的状況の中で革命をつくりだした時、その力は、みずからのつくりだした権力を圧迫の道具として使わないための力として新しい用途につくことが必要になる」（9–18）。

権力による強制のない共同社会を目ざすアナキズムが、自らの運動の進展によって権力を持つものとなっていくことの矛盾は、簡単に答えの出る問題ではない。鶴見は、この場合、「おそらくはアナキズムの理想をふみにじるまいという思想をつよくになう新しい官僚があらわれることが必要になるだろう」（9–23）と「一見矛盾しているように見える」（同）発言をしている。このような官僚制の提唱は、「抵抗としてのアナキズム」という立場から見れば要請すべきものであろうが、しかし同時に鶴見は、G・オーウェル（G. Orwell, 1903–1950）（＊2）の著作集の解説において、「『なぜ人は社会主義のことを言う時に、社会主義の下では、と言うんだろうね。社会主義者はみな、上の方の人間になろうとしていて、その下にいる人たちに何をすべきかを、言いつけているみたいじゃないか』と、オーウェルは言ったそうだ」（9–61）という話を引用している。ここには、社会主義といえども、権力については、彼らが打倒を目ざす帝国主義権力と同様の傾向を持っていることが鋭く指摘され、それだけにアナキズムと権力との関係が、より注意深いかたちで取り扱われねばならないことが示されている。

＊2　ジョージ・オーウェル　イギリスの作家。ルポルタージュ作家として、社会的、政治的問題を自分の皮膚感覚を通して描こうとした。主な作品に、スペイン内戦を題材にした『カタロニア讃歌』、スターリンの独裁政治や全体主義体制を諷刺批判した『動物農園』、『一九八四年』などがある。

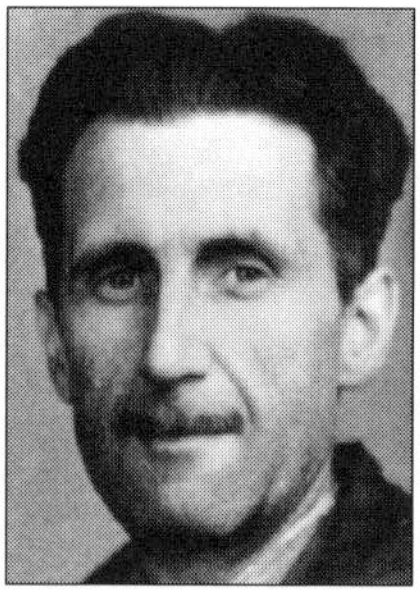

2

右のような鶴見のアナキズムが、彼の思想のあり方についての議論と密接に結びついていることは言うまでもない。思想を「信念と態度との複合」と見る鶴見の立場については、すでに触れたが、思想とは整然と体系だって論理の空中にあるものではなく、生活に足を置いた人間の行動と不可分のものであることが求められているのである。したがって鶴見が、アナキズムが本来持っている基盤、「かくれた部分」とする「個人のパースナリティ、集団の人間関係、無意識の習慣をふくめての社会の伝統」をあげる時、それは、彼の主張する「民主主義」の概念とほぼ重なる。けだし民主主義とは、「私的な根の上に日本の現実の国家機構を批判する思想」(9–180)であり、「個人の想像力と個人の(できているかぎりでの)しきたり、それぞれの家と土地でのしきたりが、世界国家に対して自由を守るとりでとなる。(略)今の個別主権を持つ国家の行きすぎに対して、もっとはっきりそれぞれの土地のしきたりを守って抵抗してゆく」(9–407)思想だからである。

そしてその最終的な根拠は、ほかならぬ鶴見自身の、というよりも各個人の内部に存在する。

「この私の中の小さな私のさらに底にひそんでいる小さなものの中に、未来の社会のイメージがある。私が全体としてひずみをもっているとしても、分解してゆけば、ゆきつくはてに、みんなに通用する普遍的な価値がある。このような信頼が、私を、既成の社会、既成の歴史にたちむかわせる」(9–177)。

この最終的な根拠によってこそ、鶴見は自身でさまざまな社会運動にかかわることになるが、このような思想は、運動のかたちとしては、大規模な組織だった運動にはなりにくく、むしろ少人数の持続的な運動のかたちがふさわしい。そしてそのような運動の一つとして、「サークル」がある。

鶴見は、サークルについて、「おたがいに顔を見られる、あるいは全然同席できないような条件ならば、何らかの方法でおたがいをしっかり見わけられる（個体識別）というくらいの小さな集まり。そういう集まりをとおしてすすめられる文化運動」（9–100）と定義するが、それが明治以前の民衆相互のおたがいを尊重する習慣という一種の知恵に起源を持つこと――したがって、明治以後に成立した自由主義に還元できない何かをもつこと――を指摘する。

すなわち、このサークルというかたちでは、「サイズが小さいということの他に、たがいによく会うということが出てくる。両方の要素にかかるものとして、つきあいというものが、サークルにとっての根本的な特色となる」（同）。つまりサークルの組織では、「つきあいの成熟にかける時間」（9–101）が重要であり、「時間が自然に成長してくるのを待つという感覚」（同）が存在する。サークルのメンバー同士が、自発的に何度も、長い時間の経過で――その時間は、メンバー各個人の主体性の下に使われる時間である――会う結果としてつきあいが深まるとは、信頼に値する個人間の関係が成立することを意味する。

そして同時にこの人間関係では、「サークルの進行途上で、自我のくみかえがおこる」（同）。鶴見によれば、「サークルは、つねに仮の主張として自分の考えをまず人前においてみるという、仮とじの本のような形をもっており」（同）、「サークルにおいては、話すことが考えることになりうるし、考えながら話すこともできる。他人の主張をとりいれて、自分のものとして話すこともあたりまえのことと思われている」（9–102）のである。ここでは、ある意味では「私有をこえた思想の交流」（同）が存在し、サークルのメンバーは、自分の考えと他人の考えとが交流拡大していく体験をもつことができる。このようなサークルには、先行している力と遅れている力とが相互に共有された力となって作用し、「おくれている力とむすびつくことによって、すすんでいる力は、それ自身で孤立して前に進むのとはちがう何か貴重なものを得てゆく」（同）のである。したがってサークルの機能は、組織された、能率を追求する機能的集団とはまったく次元の異なったものである。そしてその価値観は、能率的な結果や成果への到達ではなく、また一元的な価値への収斂などではなく、サークルのつきあいの過程そのものにあり、その中でさまざまな価値観が交流して各個人において拡大増殖していくことにある。それゆえサークルの思想とは、本来多元的なものであり、その上になおかつ「あいまいなものの存在が許される思考の場面」（9–103）でもある。

サークルは、右のような活動と思考のかたちを持っているのであるが、鶴見によれば、その「政治的意味は、主として文化に対する関心が自然に含まざるを得ない政治的関心（あるいは無関心）にある」（9–115）。つまりサークル運動は、その本来のかたちからして、社会変革の実行部隊の運動とはなり得ず、サークルの狭い範囲内での消極的な意味しか持ち得ない。それは社会変革の実行部隊の前史と後史をかたちづくる二つの運動、すなわち「社会変革のプログラムを構想し育てる段階の小集団」（同）か、権力に対する抵抗運動として意味を持つ。とりわけ「権力による抑圧に対する抵抗運動としてならば、サークルは、ある局面では、政党の組織以上に、無規律である故の機動力を発揮することができるし、弾圧をくぐりぬけて抵抗の形をかえてつづけてゆくこともできる」（同）。このように鶴見は、サークル運動が、規律と管理によって組織された社会変革の運動とは質的に異なる面を有していることを指摘し、「抵抗としてのアナキズム」が「抵抗としてのサークル運動」という形をとって現れてくることを示唆する。

3

しかし同時に、鶴見は、このサークル運動の原則に絶えず立ち戻ることの重要さを強調する。このことは、サークル内に限らず「人間は、思想をもつということにおいて、自分の判断を絶対化する誘惑からまぬかれることはできない」(9–116)という傾向(＝他人に対する不寛容)を考えれば理解される。すなわち「サークルという小集団の思想史においても、メンバーが固定して、外へのはたらきかけや外の人びとの交流がない時には、思想の固定と絶対化の契機はくりかえしあらわれる」(同)のであり、「サークルの精神現象学の中に、サークルの内なるファシズムは、つねに新しくたちあらわれる」(同)のである。

鶴見は、特に左翼の過激な集団の運動にしばしば生じるリンチの問題に関連して、このことを指摘する。閉ざされた集団をつくれば、その中での議論というのは、運動の実証条件からまったく切り離されてしまうので、「結局自分のラジカルさを競い合うということにしかならない」(9–253)。そして自分たちが日本の社会の真正の底辺を代表しているという自負があるから、「そういう確信のために、自分の感覚はどれだけ大衆からずれているかということを、(略)社会の中ではかっていくということができない。自分自身が底辺そのものの代表なんだから、どこまでも突っ走ってラジカルさを主張し、また人にも押しつけていく」(9–254)。このようにして、閉ざされた集団においてリンチを正当化する思想が成立するとされる。

しかしながらこのリンチの思想に対して、原理のみを重視することは、またスターリン主義の歴史に見られるような結果を招く、と鶴見は主張する。というのも、「状況は原理によって成り立っているんではないんだから」、「原理だけで状況を把握することはできない」(9–256) からである。そこで「むしろ原理は原理で大切だとしても、そういう原理を適用してリンチをくわえることは避けようというもう一つの原理を立てれば、これはリンチに対してある種のブレーキを加えることになる」(9–257) とされる。さらに鶴見は、「もっと別にわれわれの日常の反射というのか、いろいろな反射の訓練というのがある」(同) こと、すなわち、火に手を近づけると熱いから手をひっこめるというようなレベルの反射の重要性、「そういう反射が思想の最も重大なもとになるという気がする」(同) として、リンチを行なう状況に対しても、「リンチを避けるような、リンチにくみしないような反射」(同) を育てることの重要性を指摘する。この反射の問題は、生活にかかわる問題であり、思想をどのように考えるかという問題でもあるが、鶴見は、人間が言語の獲得以前に持っていたはずの反射――同種の動物同士では、あまり闘い合いをしないし、闘っても片方が負けたという態度や印を示せば、相手を食い殺すところまではいかないという反射等々――にもどって思想を作り直す問題、換言すれば「自然に対する人間のごうまんをこわすべき時が来ているのではないか」(9–12) という根本的な問題意識にまで到達する。

かくして「抵抗としてのアナキズム」に支えられた「抵抗としてのサークル運動」は、さらにそれを基底において支える自我の、自然へとつながる反射というレベルにまで達することで、政治運動のみならず、文化運動をも含んだかたちで、現代社会を根底的に（ラディカルに）批判する視点を獲得するまでに深化する。

このように鶴見の立脚点は、現代社会においてわれわれが流されがちな風潮――それは、国家権力や巨大メディアによる意識操作によって形づくられるが――に抵抗していく視点を与えるという意味において、今日重要な意義を持っている。鶴見の言い方を借りれば、「集団へのもたれかかりが、新しいファシズムのもとにある。集団のうねりに身をまかせて生命の充実感をあじわうという傾向である。その集団が、会社大から国家大になるにつれて、危険も大きくなってゆく」(9–295)という状況――それは、身近な「いじめ」から国家をあげてのファシズムにつながっている――に対して、自我を確立していく方法である。つまり「個人の想像力と個人の(できているかぎりでの)しきたり、それぞれの家と土地でのしきたり」によって抵抗していく方法である。換言すれば、「政治制度としての民主主義と社会習慣としての民主主義」(9–400)の差異を認識し、後者にこそ重きを置く立場であり、この点では、鶴見の姿勢は一貫している(＊3)。

このことを別の面から見れば、鶴見の戦後民主主義についてのユニークな議論である「がきデカ民主主義」を浮上させるであろう。もともと鶴見は、文化の中での漫画の力を高く評価し、「なぜ私は漫画を見るか、それはもちろんおもしろいからですが、なぜおもしろいのか、これはよくないとみえる社会に押し負けない力を私は漫画を見ることによって得るから。自分を笑い、自分を疑う力をここから得るから」(9–509)と述べているが、これは漫画の持つ批判力を正当に言い当てている。

この視点からすれば、少年漫画「がきデカ」(＊4)の主人公(これは私利私欲の塊のような

＊3　なお付言すれば、この鶴見の自立・抵抗の思想は、作家大西巨人の姿勢と共通するものを有していると思われる。大西は『神聖喜劇』において、軍隊組織に対して、軍隊自身の規則を逆手に取って一人で抵抗していく人物を主人公として描いているが、このことについて、ジャーナリスト鎌田慧との対談で、次のように語っている。

「鎌田　日本の運動論理というのは、アナーキズムをいちはやく潰してしまったので、一人で抵抗してもしようがない、集団で変えていかなければ、という方向になりがちだったですよね。(略)そういう風に、組織の力によってしか、全て解決できない、という論理ができています。(略)そういう一種の待機主義が、戦後の運動をずっと作ってきていて、今、まさに組織自身の崩壊とか、変質に直面するに至ってしまったのは、そういう個として立つ、自立の思想が、運動の中で軽く扱われ過ぎたからじゃないか、と思うんです。

大西　そうですね。連帯というものは大切だと思いますけど、それはいわゆる『衆を頼む』というものではない。一人一人が、たった一人でも俺はやるぞと、そしてその運動が手をつなぐものならいいんですが。むしろ、一人じゃやらない(笑)というのがよくありますわね」(『大西巨人文選4・遼遠』みすず書房、一九九六年、五二一～五二二頁)。

自己主張をする人物である）が、社会のいかなる権威にも反抗するということは、権力に対して自我に根拠を置く思想そのものの体現であるとされる。すなわち、自己の権利・欲望の擁護こそ民主主義の基礎であるということから、「がきデカ」が戦後民主主義の担い手としての評価を受けることになる。そしてこのような「がきデカ」の行動は、前節での「暮らしの中の反射として組み込まれたもの」（9-512）ということで有効とされる。

「『がきデカ』はある意味で反射するはたらきがある。こういうふうに金とセックスだけを追い求める人間が活躍するわけでしょう。ああ、日本人はこうなんだな、こういう人間がたくさんいるんだなと思って大人になることがいいんです。日本人は神の子で、万邦無比の国体なんだと思って海外に出て行ったら困るんですよ。『がきデカ』を読んでいれば、ちがった人間になるんじゃないかという希望をもっています」（9-513）。

つまり「がきデカ」の主人公は、その反射としての行動で、われわれに民主主義の基本としての自分の権利・欲望の重要さを示唆する側面が評価されるわけである。

しかしながらこのキャラクターの持つ積極的な意義を認めるとしても、同時に、そこから、現代日本社会のあり方を疑い、批判する側面――それは「自分を笑い、自分を疑う」側面でもある――が汲み取られることがさらに重要ではないであろうか。こう考えると、鶴見が戦後民主主義の担い手として「がきデカ」の主人公のキャラクターを見るのは少々役者不足の観がある。

例えば政治学者山口二郎は、鶴見の「がきデカ民主主義」を次のように批判する。

「もちろん、私利私欲を禁圧するところに民主主義は存在しない。（略）あらゆる政治参加の最初の動機づけは、エゴの追求であろう。しかし、私利私欲の解放を最もう

＊4　山上たつひこ作品。「週刊少年チャンピオン」一九七四年一〇月二一日号～八〇年一二月二二日号連載。作者はその後、小説家に転向した。軍事国家化、管理社会化する近未来の日本を描いたシリアスな社会派劇画『光る風』（一九七〇年）という作品もある。

まく逆手に取ったのが戦後の自民党政権であったことをここで思い出さなければならない」(＊5)。

そして山口は、近年大きな課題となっているゴミやエネルギーの問題について、私利私欲を超える発想が必要であるとして、「単純な私欲の追求の累積の果てには、大規模な環境破壊や財政赤字が待ち受けている。個人の利益を超えて、社会全体、地球全体の利益、つまり公共性に思いを致さねばならないゆえんである」(＊6)と主張する。

ここにわれわれは、鶴見の自立の思想で提出された一つの大きな問題を見ることができる。鶴見の民主主義の思想において、それが拡張発展していく場合に生起する組織と個人の関係が問題となるように、自立の思想・「抵抗としてのアナキズム」は、自我（エゴ）と自我（エゴ）との関係および公共性との関係の問題を提起する。これについてどう考えるかが次の課題となる。

＊5　山口二郎『日本政治の課題――新政治改革論』岩波新書、一九九七年、一九九頁。

＊6　同書、二〇〇頁。

第4章　個人と組織の問題について

――『期待と回想』上（一九九七年）

1

鶴見の拠って立つ視点が、「私的な根」であり、「普通人の中にある革命性」であることを、これまで見てきた。これは、「もっとも小さな私の中にひそむ可能性への信頼」(9-177)という言葉で示されているように、その根拠を自分の内部に持つ。鶴見は、これを「子どもの眼」に起源を求めて、そこから「子どもの時の自分の眼を、自分の中にどのように保ち続けるか」(10-70)という問題として、次のように述べる。

「自分の底におりていくと、一枚というよりも、何枚かの絵が折り重なっていると思います。古い古い記憶というのは、絵の柄になっているんですね。それが一枚の絵だからこそ、その後の自分の生きている、その時その時の脈絡の中において見る時に、別の新しい意味が、同じ絵の中から見えてくる」(同)。

ここには、人間自身の精神の奥底にある「自分じしんを育ててくれる内部の力、要するに内燃機関みたいなもの、エンジン」(10-84)の存在を自覚していくところに鶴見の視点が据えられていることを見なければならない。この「子どもの眼」がどのようなものであるか、どのような意味を持っているかは、不明であり意味を持たないと言った方がよいのかもしれない。しかし「誰にたいしても必ず、誰にたいしてもけっして明かさない自分の部分」(10-94)が自分の眼であること、そしてこれと現在の自分を結びつける「自分の内部で行われる演算」(10-70)こそが人生の重要な演算であることが指摘される。

換言すればこのことは、「自分を分割して、今自分のいるところを別の人間の視点から見る」(10-79)ということになる。これが「子どもの眼」であって、鶴見の視点の奥底に据えつけられた「自分を分割して」「分裂して考える」ことの重みは、個人から発して組織的な運動へと移行していく場合にも、一貫して主張される。そして日本の社会に対する次のような批判に通じることになる。

「子どもの眼がわれわれの中に生き続ければ、われわれは大人になって、老人になっていくわけですから、自分の中に分割するカラクリができるということになります。考えることができるようになる。ただし機械にはなりにくくなりますよね。一致団結の姿がやっぱり機械の姿なんですね。だけどもわれわれは、現状にたいして不同意の自分というものをもっていなければならないし、自分の中に不協和音というものを抱いているような人間にならなければ、どうも困るんですね」（同）（＊1）。

自分の中に「不協和音」を抱く、自分を「分割して」「分裂して考える」という視点は、自分自身を客観化して考える契機を与えると同時に、その客観化された自分と関わるもう一つの自分を感じる契機を与える。そしてそのような関係が全体として、自分の存在を抽象的な普遍性の原理へと委ねてしまわないための主体性を示すことになるが、この主体性はまた、自分自身を完全性や完結性として示すのではなく、あくまでも不完全・不完結のものとして認識する。そしてこの点に他の個人との結びつきの場の特徴が生じる。

2

右に述べた結びつきの場として、まず家・家族がある。鶴見によれば、「家というものは、いつ家人に殺されてもよいという覚悟にむすばれた場であると言える。そういう場で、体力差のあるもの、知力差のあるもの、関心の差のあるもの、かせぐ力の差のあるものが、

＊1　このことは、今日の教育に対しては、次のような批判となる。

「私は、自分の内燃機関とからめて、成長というものはなければいけないと思うし、子どもの眼というのは必ず内燃機関の図柄をもっている。ところがわれわれが、小学校、中学校、高等学校というふうに、長い教育過程を経るにつれて、受験に成功すれば成功するほど、われわれは自分じしんの内燃機関を自分じしんに見えないようにかくしてしまうんですね。（略）それはだいたい人間見ていて、優等生は弱いなということ。（略）自分の内燃機関というものと無関係になっちゃって、遠い遠いところまで来ちゃってるという人が多いんですね」（10―84 ～ 85）。

たがいに助け合って、共同のくらしをたてている。それが家という、おたがいをそだてる場であり、その場をなりたたせるもとの力として、おたがいにたいしてはたらく親和力がある」(10–20)とされる。

ここで言われている「親和力」(そだてあいの関係)が、家・家族を成立させている基本的な要素であり、この力が、家・家族の発端である性に対する欲望や生殖に対する欲望よりも大きいとされていることが留意されねばならない。このことは、鶴見が、家族のあり方を問いかける時に引用する、井伏鱒二の小説『黒い雨』に示される。

井伏の小説には、広島で原爆に打たれた人びとが市外に逃れていく中で、主人公が小学校一年ぐらいの男の子と出会う場面がある。これについて「自然にそこに道づれの間柄が生じる。しばらくの道を歩く時の、おたがいに対する痛いほどの共感。情が移ってしまわないために、無理しても、名前を聞くまいとする抑制。つかの間のこの切実な助け合いが、家のつながりの原型であると思う」(10–23)と、まさしく「不釣合いの力をもつ数人が助けあう時」(10–38)、そこに家・家族の本質を見る。

この「能力にちがいのある相手を助けようとする気組み」(10–25)という視点は、先述の、「自分を分割して」「分裂して考える」視点、自分を不完全・不完結なものとして自覚する視点と共通のものを有している。すなわち自分についてと同様、家・家族についても、それを完全・完結したものとしてはみなさないということであり、その不完全性・不完結性の存在、置かれている状況による変化を許すということである。

3

この鶴見の姿勢は、社会運動の地平に移された場合、大規模な組織よりも、まずもって家・家族に近いかたちの集団であるサークル運動にその特徴を見出す。

サークル運動については前章でも述べたが、鶴見は、サークルの基礎に、明治以降に日本に入ってきた自由主義（これには重臣型自由主義と知識人型自由主義の二つの型がある）とは別に、「明治以前から、日本の民衆の間にさまざまの会があり、おかみの支配の及ばぬ空間を大切にしてゆこうという習慣があった」（9–96）と指摘する。すなわち重臣型自由主義（英国流の秩序を手本とする自由尊重、議会内部における自由の尊重）や知識人型自由主義（二〇世紀初頭の欧米で尊重されている程度の言論表現・知識獲得の自由を求めた）とは別個に、これらに還元できない「民衆相互のおたがいを尊重する習慣」（9–97）がサークルの内部に生きているとする。

「たかが老人の盆栽いじり、田舎者のひねる月並俳句と、ヨーロッパ近代文化の規準によって軽んじるのも、一つの正当さをもっているだろうが、盆栽も月並俳句も日本の民衆の習慣として、ぬきがたい意味をもつことにも気がつくほうがいい。そこには、前衛政党の支配、社会主義社会の成立以後にも、生きのびてゆくであろう民衆の自由への希望がこもっているものと私は思う。（略）千年の眼をもってすれば、それらのいくらかひねこびた現在形をとおして、日常生活の小さな物をいかして自在な生き方を演じようとする市井人の志をうかがうことができよう。一つ一つのサークルは、ひしゃげた小宇宙なるままに、当事者それぞれの、生き方への願いをうつしている」

（同）。

そしてここから、サークルの特色として、「つきあい」、「つきあいの成熟にかける時間」、「自我のくみかえ」、「あいまいなものの存在が許される思考の場面」、「過程そのものに打ちこむ態度」等が指摘される。特に最後の事柄については、次のように語られる。

「自律的に一個のサークルとして計画をたてて長期にわたって活動をつづけてゆく場合には、ばらばらの能力が結びついてゆくことが見られ、一つのことにおいて先んじるものの力、おくれているものの力が、たがいに共有されて一つの力となってはたらくことがみられる。おくれている力とむすびつくことによって、すすんでいる力は、それ自身で孤立して前に進むのとはちがう何か貴重なものを得てゆく」（9–102）。

これから明らかなように、サークルには、個人の場合における「自分を分割して」「分裂して考える」視点、家・家族における「親和力」と共通のものが存在する。このような個人、家・家族、サークル運動を通じて、その基底に存在する「不協和音」「アイマイさ」あるいは「雑然さ」とこれに伴う自助的な「助け合い」の態度が、自然発生的な民衆の態度として根づいており、いわば「大衆の知的伝統」（期・上–189）として存在していることが強調される。そこで次には、こうした態度と社会批判・社会変革の運動との関わり方が問題となってくる。

4

さてこの民衆の間に存在している幅広い「雑然さ」、さまざまな立場を容認する多元的な姿勢に対して、従来の日本の社会変革の運動においては、これとは正反対の、一致団結と規律、思想の一元的な純粋化の立場が伝統的に最大の目標とされてきた。しかもその際、思想の領域に関して言えば、理論的意識的なもの――特に社会主義的変革を目ざす理論と意識は、民衆の内部から自然発生的に出てくることはできず、進歩的知識人と運動を指導していく先進的部分によって、民衆の外部から注入されるべきであるとされたのである。例えば、過去社会主義運動の最大の指導者として圧倒的に支持されてきたレーニン（V. I. Lenin, 1870–1924）は、「革命的理論なしには革命運動もありえない」(＊2)とする立場から、「意識性と自然発生性」(＊3)の問題を、次のように述べる。

「われわれはいま、労働者は社会民主主義的意識をもっているはずもなかった、と言った。この意識は外部からもちこむほかなかったのである。労働者階級が、まったくの独力では、組合主義的意識、すなわち、組合に団結し、雇い主と闘争をおこない、労働者に必要なあれこれの法律を政府に公布させるためにつとめる等々のことが必要だという確信しかつくりあげえないことは、すべての国の歴史の立証するところである」(＊4)。

社会変革の意識、社会主義形成の理論は、外部注入以外にはないというのが、レーニンの主張であった。ここからは直接に、社会変革の運動に関して、意識性の全能化と自然発生性の排除が結論される。そしてこの立場は現実には、民衆に対して「科学的」社会主義の理論を一方的に押しつけ、思想の純粋化を基準として、民衆の持つ「アイマイさ」「雑然さ」については、一刻も早く克服するべき阻害要因としてのみなすものであった。

このような運動のあり方に対する鶴見の立場は、自ずと明らかである。これについて鶴見は、次のように述べる。

「社会批判の運動は、しばしば、というよりも、ほとんどいつも、自分たちの運動

＊2　レーニン『なにをなすべきか』、大月書店・国民文庫、一九七一年改訳、四一頁。

＊3　同書、四八頁。

＊4　同書、五〇頁。

そのものの絶対化を前提としている。そこから、社会批判の運動には、それが科学を看板にかかげている場合にも、狂信性がつきまとい、しかも、みずからの狂信性に眼をむけようとする意志をもたない。自分たちの考え方は狂信ではないとはじめに措定することによって、狂信性の探索と認識とを、あらかじめ原理的に排除している」(9–27)。

「私は好みとして、思想を純化する、純粋化していくことに反対なんです。思想にとらえられると、そういうふうになりやすい。思想は感情の中で育まれるので、それは思想を育んだ感情に対する一種の批判なんです。

ユートピアを思い描いて自分を純粋化する。『このように生きたい。だから機械のように正確になりたい』——。自分がどこでそれを思いついたのかということを全部消しちゃって、機械の運動としての論理計算だけやりたい。たしかに、それを通していくらかの発見ができるというのはわかりますよ、われわれは自分という機械に依存しているんだから。(略)だけど、一体化したと信じるところから、逆にそれを守りきれないときにその罰を受ける」(期・上–265)。

これらは、従来の社会変革の運動において看過されてきた重要な点を指摘する。それは、正義、進歩、科学が我方にありとして運動を推進していく人びとが陥る絶対化、純粋化、さらには狂信化の危険であり、権力批判・反権力の運動自体が持つ権力構造である。鶴見は、これまでと同様、個人、家・家族、サークルでの視点から、社会批判・社会変革の運動に対しても、そこに柔軟さ、相対化の要素が不可欠であることを指摘する。この要素とは、運動が社会・民衆に向かって開かれており交流があること、そしてそのことで運動の置かれている位置が民衆に対して絶えず確かめられていることを意味する。

5

鶴見のこの視点は、社会変革の運動で対峙することになる国家権力の場合にも貫かれている。これはもちろん「私的な根」において対峙する姿勢であるが、前章で触れたアナキズムがこれにあたる。部分的には繰り返しになるかもしれないが、アナキズムについて、鶴見は『十八史略』の一例を引いて、こう説明する。

「山の中に行くと土くれを打って唄を歌っている人がいる。腹つづみを叩きながら。『日が出れば仕事をして、日が入れば休む。井戸を掘って飲んで、田を耕して食う。帝力我において何をかあらん』（略）これがアナキズムを考えるときのモデルのような気がしますね」（期・上―265）。

鶴見によれば、これの解釈には三通りあるとされる。すなわち、

A「統治能力を意識させない為政者の風格」（期・上―268）
B「統治なんてわずかなものだという為政者の自覚」（同）
C「生活は政治を含めて、おおかたは無意識の過程であるということ」（同）

である。このうちアナキズムにとって重要とされるのはBとCであるが、このような国家に対する態度は、国家権力と抗争してこれを打倒廃絶するというようなものではなく、「国家について沈黙と不信を貫いていく」（期・上―269）態度とされる。

「国家を相対化する視点というのは国家を潰すことじゃないんですよ。宗教があり知識があると、一つの体系が存在全部を貫通すると考えてしまう。私はそれに反対なのです。個人、村、町、市、国家とだんだん大きくなっていく体系が真だとは思わな

い。世界国家ができたって、おれとは関係ない……この視線が大切なんです」（期・上–273）。

ここから鶴見は、「無所有の政治学」、「無所有の側からの国家批判」（期・上–285）をアナキズムの真の意味とする。それは、「無所有のところは、国家が細目を決定するのではないが、しかし公＝パブリックなんです」（同）とする立場であり、これによって「私、公、国家と区別する政治学」（同）がつくられるべきであると示唆する。このことは、公＝国家という明治以後に刷り込まれた観念を再検討して、「ふつうの人間にとっての政治学」（同）こそが自然であるとする主張であり、近代国家による思想・政策の画一的な押しつけに対しては、当然のことながら反対の立場をとる。

「軍事的・経済的競争を主な目的とする国家は、その国民を均質化してゆく。国家の内部にデコボコがあることを許さない。デコボコをならしてゆくことを通して、文明生活のより高度の能率を実現するのである」（＊5）。

「そういう進歩を国民生活の目標とするなら、身障者は足手まといである。進歩の足をひっぱる人口ということになろう。官僚の中心部をつくる健常な中年の男たちの文明観からすると、その足をひっぱるものとして老人があり、そして乳幼児もいるだろう。アジア、アフリカの人びともまた、後進国民として、進歩の恩恵にあずかるとしても、進歩の足をひっぱるものというまなざしをさけることはできない。

だが中年はあかん坊からそだったものであり、やがて老いる。国家間の軍事的・経済的競争によって進歩する文明への賛美は、私のように老年の身障者の眼からみると、うけいれがたい」（＊6）。

＊5　木村聖哉・鶴見俊輔『「むすびの家」物語』岩波書店、一九九七年、二三八頁。

＊6　同書、二三七頁。この本は、ハンセン病回復者の宿泊所建設にボランティアとして参加した学生たちの物語であるが、生涯をハンセン病の研究、患者の療養・管理に捧げた長島愛生園の初代園長、光田健輔（1876–1964）が登場する。問題は、このまったくの「善意の人」光田が、また「終生強制隔離」の主唱者であり実践者であったことである。ハンセン病医学の権威とされた光田の思想が、この病気がもはや克服されうるものと判明した後も、国家の治安思想と相まって、長く日本を支配し、患者とその家族を苦しめ続けることとなった。こうした「終生強制隔離」こそ、国家による押しつけの代表的なものであり、鶴見のアナキズムの対極にあるものと言えよう。

6

鶴見の拠って立つ視点の検討において、この視点がいかなる場合にも自立した自己、「私的な根」の上に置かれているとはいえ、その自己が絶えず自分を「分割して」、「分裂して考えるという本質を持つものであること、常に不完全性・不完結性の自覚を伴うものであることを確認してきた。それは、集団や組織における「アイマイさ」「雑然さ」、すなわち包容力の承認ということであり、この点を絶えず強調してきた鶴見の主張は、国家権力による押しつけに対する粘り強い抵抗の力となると同時に、社会変革の運動に対しても、その内部で権力構造が成立することに対するブレーキとして作用してきた。この意味で自己の思想の根拠として「思想の準拠わく」(9–16) を示唆する次の指摘は、深い意味を有していると言えよう。

「現代の社会の複雑なルールを一度は、もっと単純なルールにもどして考え直すべきなのだ。そうでないと、われわれは、今偶然にわれわれをとりまいている社会制度に引きずってゆかれるだけになる。われわれは、現代の社会のまったただなかに、ひとりひとりが、自分ひとりで、あるいは協力して、単純な生活の実験をもつべきだ。そこがそのままユートピアになるというのではなく、現代の権力的支配にゆずらない生活の根拠地として、思想の準拠わくとして必要なのだ」(9–15 ~ 16)。

しかし、鶴見の視点の持つ意味が、右のように把握されたとはいえ、そこにはなお少なからぬ課題が存在している。それは、鶴見の視点の持つ的確さ、有効性のちょうど裏返しの問題でもある。すなわち個人に関して言えば、自分を「分割して」、「分裂して考える」

自己は、またエゴとしての自己を生きる自己であり、家・家族の「親和力」の必要とは、分散しつつある現実の家族であり、「アイマイさ」の存在を許す組織は、また分裂し有効性を持たぬ組織となるという問題等々である。鶴見の視点が、社会のある傾向に対する「反傾向」ではなくて、「非傾向」という性格を持つ限り、このような疑問が出てこざるを得ない。しかしこのことを認めつつも、この視点が、社会変革の運動・組織等々でどれだけ拡大定着しているかということが、その運動・組織の民主主義度であることもまた疑い得ないことであると言わねばならないであろう。

第5章　転向について

――「転向研究」（一九五九～一九六二年）と『転向再論』（二〇〇一年）

1

今まで見てきたように、思想の問題を、完成された体系、従うべき絶対的な基準としてみなすのではなく、信念と態度の複合として取り扱うべきであるとする鶴見俊輔の視点は、思想をきわめて個人に近いもの、生活態度に即したものとして考えていくことを要求する。この視点は、ともすれば明治以来の日本の思想・哲学にかかわる学問に従事する者にとっては、置き忘れられてきたものであり、現代においてもなおこの視点を無視したまま、思想・哲学を、生活状況・生活態度からかけ離れた真空に浮かんだようなものとしてみなす態度が、社会において存続、定着している。そしてこのことが、日本の思想・哲学の状況を不毛なものとしている原因の一つである。

つまり鶴見は、「習性の変化」、「習慣変化」(8–209) として思想をとらえ、「行路の途中で気づかれた思想」(同) への注目を前面に押し出すことを提唱する。このように、人間の思想は変化していくものであるとして、その変化を具体的な個人の生活状況に即して跡づけていくことは、思想の研究にいわゆるアカデミックな方法とは異なった方法を提供する。鶴見は、このプラグマティズム的な方法によって、人間の日常生活にせまる思想のあり方を追究してきた。

しかし具体的な個人の生活状況が、時代の国家権力との関係に置かれた場合、先述の思想変化の様相はまた違った色合いを帯びてくる。すなわち人間の思想が、圧倒的な力をもつ国家権力によって変化していく、あるいは変化させられていく状況は、単なる生活状況を超えた政治的意味をもつことになるのである。この場合には、そのような思想変化を生じさせる原因となった国家権力の状況と、その状況に対して、さまざまな姿勢、立場で対応、服従あるいは抵抗した個人の置かれた状況との、詳細な分析がなされなければならない。そしてこの個人の思想の国家権力による変化、すなわち「転向」についてのアプローチに、鶴見の提唱する視点の有効性が示されるのである。

ここでは、このような「転向」研究に目を向けた鶴見の視点を再度確認し、これとの関連で近年出されてきた「転向」の視点の変化の意味を探る。

2

鶴見は、思想の通念について次のように述べる。

「思想といいますけど、私は思想は信念と態度の複合だと思っています。

信念というのは、（略）価値判断です。

しかしそれだけではなくて、信念と結びついている態度というものがあります。信念に対する態度です。

信念というのは人類不変の形としてだすことができるわけですが、その信念を法王の前でも屈せずに言うことができるかどうか。それは態度にかかわります。

法王の前ではその信念をくつがえすかもしれないけれども、法王の前から離れたときには屈せざる人として言うこともあるかもしれません。その態度と信念の複合で、ある思想の形ができると思うんです」（8–253）。

「信念と態度の複合」とは、思想を人間の態度をも含めて評価するということであり、態度の表明として見るということである。そしてこれが、「これまでの思想史が、それぞれの思想の頂上をたどるという方法をとっていたことからはなれて、国家と個人の対立の中で自分の思想をかえてゆく形を記録しようとする考え方」(再–10)になる時、「もともと同じ信念を要素として含みながら、もともとはちがう思想がつくられる」(4–12)という思想の変化としてとらえられることになる。鶴見は、「『資本主義が亡びる』という信念は、ある個人の学生時代、会社員時代を通じてかわらないとしても、その信念にたいしてつぎこむエネルギーのちがいは当然に、同一信念を支える態度に変化のあったことのシグナルとなり得る」(4–12)という例をあげて、このことを示している(＊1)。

「転向」にかかわる思想変化の場合には、この態度に示された思想、したがって政治的態度はもちろんのこと、生活的心情的な態度としての思想が、総体的に検討される必要がある。

3

鶴見は、「転向」を、「権力によって強制されたためにおこる思想の変化」(4–10)と定義する。そしてこの「権力」とは、当然のこととして国家権力を、「強制」とは、その国家権力による直接的間接的な具体的特殊的手段(直接の暴力から利権の供与にいたる硬軟両様の仕打ち)による強制を意味することは明白である。

しかし同時にこの場合、国家権力による強制に対する個人の反応、対応の仕方が見落とされてはならない。というのも個人の態度にかかわる点に、転向の意味するところが色濃く示されているからである。この点について鶴見は、次のように述べる。

「自発的な思想変化という概念を一つの極としておき、特定権力の強制に完全に同

＊1　ただし、これに続けて鶴見は、「同じ信念をちがう態度をもってとらえている二人のあいだほど、理解の困難なものはない。この種のディスコミュニケーションが、転向思想史の底流となる人間関係をいろどっている」(4–12)と述べて思想変化の把握に伴う難しさを指摘する。

調した場合の思想変化をもう一つの極としておくとき、両者のあいだの任意の一点に現実の思想をおくことができる。現実におこる転向の例は、つねに自発性の側面と、被強制性の側面とをもっている。われわれは権力による強制力の発動を一つの事件として記録し、さらにその後に権力の強制する方向に近い仕方で、ある個人の思想の変化があらわれたとき、その思想変化を転向として登録する」（4–11）。つまり「自発性と転向性とはムジュンする概念ではない」（同）のであって、「強制力が働くということと自発性があるということが、この現象にとって二つの欠くことのできない側面」（5–20）となっていることが重要である。

この意味で転向の解明は、国家権力による強制の状況と、その状況下に置かれた個人の特殊な状況の解明の組み合わされたものとしてなされる必要がある。国家権力の側から言えば、その全体的な圧力が、個人においていかに変容された形で転向として現象しているかという点に、その国家権力自体の構造の特徴が反映されているのであり、個人の側から言えば、特殊な状況下における転向の軌跡を通じて、転向についての、より共通の互換可能性をもった意味を、ここから獲得し得る道筋が開かれるのである。そしてそれは、社会的歴史的変動に対しての、個人の生き方の問題を、したがって信念と態度の複合としての思想の問題を提示する。

「ひとつの特定状況の中で転向が、国家の圧力（これが時期によってかわる）に屈した、個人の決断としておこなわれる。その一回かぎりの形を見つけるごとに記述することは、その特定状況をこえて、ちがう状況の中で、その転向がもち得る意味を考えさせる。日付の特定がかえって、別の日付のちがう状況の中で、その転向の形がどのようにくりかえされるか、受けつがれるかを考える可能性をひらく」（再–20）。

まさしく転向は、当事者である個人の生き方、思想に深くかかわる問題であると同時に、その同時代以降、現在のわれわれにも通じる問題として提起されている。そしてこの立場からは、転向はたんなる悪や「裏切り」という評価で片付けられてしまってはならず、その持つ意味を、評価する視点そのものの考察をも含めて検討する必要があるということが出てくる。

このことは、鶴見の言葉を借りるならば、次のようになるであろう。

「裏切り――この言葉ははっきりとけなし言葉としての連想をもっています。ある人が自分のもとの同志を警察に密告するというようなときに使います。そういう場合に、これは裏切りだというふうにいうことができるでしょう。しかし、もし私たちが一九三一年から四五年に日本に起った転向現象全体に『裏切り』というこの呼び名をつけ悪としてかたづけてしまうならば、私たちは誤謬のなかにある真理を掬い出すという機会を失うことになります。私が転向研究に価値があると考えるのは、まちがいのなかに含まれている真実のほうが、真実のなかに含まれている真実よりわれわれにとって大切だと考えるからなのです」（5–20 ~ 21）。

「まちがいを通して得ることのできた真理への方向性の感覚」（5–21）をもつという姿勢は、試行錯誤によって徐々に真理へと接近していく方法を採用するプラグマティズムの論理に沿ったものであるが、これは、絶えず変化の途上にあるとする鶴見の思想観を端的に示している。

またこの姿勢は、国家による強制力と個人の自発性の両極に引っ張られた転向現象の二面性を見るということから、転向の反対物とされる非転向に関して、無条件での評価を差し控え、転向と非転向との鮮明な区分けに疑問を呈する。そして非転向とのかかわりにおいて転向は、たんなる悪や「裏切り」とのみ評価されるよりももっと複雑な本質を示すことになる。

一般に日本における思想史の把握の仕方は、「思想史を正しい思想の発展の歴史としてとらえ、正しい観点からより正しい観点へと発展してゆくものと理解している」(4-6)。したがって「それぞれの時期における最高の正しさが一つあり、それらをつなぐ最高唯一の連続線として、非転向の思想の系列がある」(同)ことになる。このような「稜線によって思想史をとらえるべきだ」(同)という理解の仕方は、実際の思想史とは異なるし、無理やりつじつまを合わせようとする不毛な努力を伴う場合すらある。

転向と非転向について、鶴見は、こう述べる。

「私たちは、まず第一に、一般的なカテゴリーとしての転向そのものが悪であるとは考えない。むしろ、転向の仕方、その個々の例における個性的な展開の中に、より善い方向、より悪い方向が選ばれるものと考える。したがって、転向をきっかけとして、重大な問題が提出され、新しい思想の分野がひらけることも多くあると考える」(4-7)。

つまり、転向の提起した問題(国家権力による強制の状況と個人の決断の仕方、転向後の個人の生き方、社会に与えた影響等）を手がかりとして、より深い生き方を模索するところにこそ、その実りが期待されるのであって、ここに生き方としての思想の本質があるとされる。それゆえこの主張からは、非転向のあり方への一定の疑問が生じることになる。

「もともと、転向問題に直面しない思想というのは、子供の思想、親がかりの学生の思想なのであって、いわばタタミの上でする水泳にすぎない。就職、結婚、地位の変化にともなうさまざまの圧力にたえて、なんらかの転向をなしつつ思想を行動化してゆくことこそ、成人の思想であるといえよう。非転向の稜線に規準をおいて、そこから現代の諸思想を裁くことは、子供の思想によって大人の思想を裁くこっけいをあえてすることになりかねない」（同）。

このように述べた上で、鶴見は、非転向の思想とは、要するに最初から最後まで「正しい」信念が貫かれる過程であるがゆえに、その成立する領域とは、「形式論理学の支配する領域」（同）にほかならないとし、そしてこれに対して、「転向の思想は、たえざる意味の再定義と変化、命題のさしかえを必要とする、弁証法のはたらく領域」（同）において存在し、「転向の思想の世界においてはむしろ、まちがいと挫折がこれが最後ということなくつきまとって、発展の契機となる」（同）とする。

ここには、転向の思想へのより積極的な評価が見え、形式論理学と弁証法との対比で語られる転向の思想は、日本の思想史における通常の評価――それはまた左翼における思想評価ともなっているが――に対して、むしろ逆の評価を与えている。しかし重要なことは、すでに述べてきたように、「転向そのものが悪」なのではなくて、その展開の中に「より善い方向、より悪い方向が選ばれる」ことである。換言すれば、「非転向そのものが善」であるのではなく――もちろん非転向を貫き通した精神、態度の頑強さには敬意を払わなければならないが――、その後の展開過程の中に、より善い方向もしくはより悪い方向を生み出した要因が解明されなければならないということである。

5

かくして「転向はつねに、実行可能な非転向との対比において記述される必要がある」(4–13)という命題が提出される。すなわち、転向と非転向を、それぞれに独立した無関係なものとして描くのではなく、そのそれぞれを互いの可能性を含んだものとしてみなし、両者に共通の基盤を幅広くとることによって、不毛な論議に陥ることなく、転向・非転向の問題を扱っていこうとするのが、鶴見の姿勢である。

「転向のみを描くことによっては、転向を批判する地点に達することはできない。私たちは非転向の地点に自分をおいて転向を批判しようとするのではなく、むしろそれぞれの時代的条件の中に実現可能であった非転向の条件を知ることをとおして、両者をともに批判をすることのできる地点に達することを目ざしている」(同)。

このような主張がなされるのも、鶴見によれば、現代日本人の転向観に次の二つのタイプが見出されるからである。

1　「武士的転向観」

これは、「完全な非転向を模範として説くことに終始する理想論」(同)であり、ここからの逸脱、脱落が転向として批判される。そしてこれは、学者、進歩的政治家から共産党にまで引き継がれているとされる。

これは、「流されてゆくだけが人生だと見て、転向だけがあると考える現実主義」(同)であり、「非転向というものは偽善者のポーズにしかすぎぬ」(同)と見るもので、実業人、ジャーナリストに引き継がれているとされる。

2 「庶民的転向観」

これら二つのタイプは、ある個人においては、交替したり混合したりしてあらわれる。そしてこれらの例を検討していく中で、鶴見は、次のような戯画的な例をあげ、痛烈に批判する。

「かなりの地位を占める政治家、学者、宗教家が、まずはじめに非転向でとおしてきたかのように論陣をはり、誰かからその転向点に関する資料を提出されると、急にくるりとむきなおって、『生活のために仕方がなかった』と言う例を、戦後の日本は数多くもっている。このような『生活のために』という用例は、『ある特定の生活水準を維持するために』として意味づけられる必要がある。指定されたその生活水準を維持するという前提をうけいれることによって、同時に六つの可能性が排除される。㈠死、㈡発狂その他の病的状態、㈢亡命、㈣投獄、㈤転業、㈥沈黙。それら六者が、大部分の日本の公人にとっては戦前も、戦後も、考えにうかぶことさえないということは、重要なことである」(4―14)。

そしてこれらの㈠から㈥のそれぞれの可能性について、以下のように指摘するが、いずれも日本の公人、知識人の思想と生活についての批判となる。

㈠死、について

「なぜ死ななかったかを問うことは、残酷すぎるという考え方もある。だが、人間が自分で死を選ぶことができるということからはなれては、転向の批判は論理的に成りたちにくい。非転向で死んだ人の数は、昭和年代だけをとって見てもかなり多い。これらの死者を考え、自分たちが死を選ばずに生きながらえたことの意味を考えることが、転向論をささえる」(同)。

㈡発狂その他の病的状態、について

「精神症、神経症にかかって公的生活から離脱した人は、無名の人には多くあったが、すでに社会的地位を確保している人にはなかった。このことは、日本の公人にとって、転向は内面化された問題とはならなかったことを示している」(4―15)。

㈢亡命、について

「亡命についても、日本が島国であることを理由に実現不可能だとされてきたが、現実には亡命の道があったし、その道を選んだ者もあったのだから、排除すべきではない」(4―14)。

㈣投獄、について

「投獄の問題も、獄中共産党だけの問題としてではなく、ヒューマニズムをとき、民主主義をといてきた数多くの日本の自由主義者、保守主義者が、大東亜戦争の最中に、政府によって一億玉砕のスローガンがかかげられた時にさえ、なぜ投獄されずに自由に生きられたかの意味を再検討する必要がある」(同)。

㈤転業、について

「転業の可能性について、昭和年代にほとんどその試みがなされなかったことも、この段階での日本史に特徴的である。学者は学者、政治家は政治家、評論家は評論家でなければならぬという固定した本分の意識が、封建社会からひきつがれた身分の意識と密着した形で存在し、現実には可能な転業をはばんだ」(同)。

そして、石川三四郎の転業による非転向を例外として、日本社会の構造と意識を指摘する。

㈥沈黙、について

「沈黙の問題も、沈黙すればかえって危いという通念が、はたしてどのていどに事実によってうらづけられているかは、わりびきして考える必要がある。この通念にわざわいされて、沈黙できる時点においても、沈黙しなかったことも多いものと推定できる」(4–14 ~ 15)。

以上の六つの非転向の可能性については、少数の例外が存在するとはいえ、これらがことごとく排除された上で、転向がなされたということに、われわれは、日本人の公人、知識人の実態を見ることができるであろう。そこには、本章の冒頭で述べたような、まとまった体系としての思想のみを思想とみなす風潮を当然のこととしながらも、その時々の国家の政策によって思想の一貫性を崩していくのもまた当然のこととみなす学者、知識人の姿勢と通じるものがある。

この事実を認めることは、しかし同時に、非転向を全面的に肯定することとは筋合いが異なるということを再度言っておかねばならないであろう。鶴見の述べるところに従えば、こうである。

「私たちにできることは、私たちに先んじた時代の転向について記述するときに、決してその同時代の非転向者の場所に自分をおいてそこから裁くという態度をとらないことである。しかも、それぞれの時代における非転向の可能性をはっきりと認めて、転向の記述を進めることが、それでもなお必要なのである。したがって、私たちは、日本ではほとんど社会通念となっている『非転向だけが正しい』『転向ばかりがある』という両方の理念を捨てることによって出発する」(4–15)。

6

以上のような鶴見の提起した転向問題は、日本の知識人の思想の常識に対して、強烈なインパクトを与えることとなった。しかし転向と非転向とを善悪の基準によって判断する向きは、今なお根強いと言わねばならないし、特に左翼と目される人々の心情倫理的な道徳意識においては、転向問題そのものを避けて通ろうとする傾向がある。

しかし鶴見の、「生活のために」ということが、実は「ある特定の生活水準を維持するために」という意味であるとの指摘は的を得ている。われわれはここから、ある個人の思想を評価する視点を得ることができるし、この視点から書かれた思想史は有益なものとなるであろう。生活者の視点から見れば、転向・非転向はまた別の意味をもってくるのであり、そこにも現在のわれわれに重なり合う問題が存在している。

そしてまた、鶴見の視点を摂取した形で、独自の転向論を打ち出したのが吉本隆明であったことも忘れてはならないであろう。鶴見は、吉本の転向論の積極性を認めつつ、それは、先に述べた武士的、庶民的転向観とはまたニュアンスが異なる転向観としてとらえることができるとする。

鶴見によれば、吉本は、一九五九年の「転向論」(＊2)において、転向を「日本の近代社会の構造を、総体のヴィジョンとしてつかまえそこなったために、インテリゲンチャの間におこった思考変換」(吉本)としてとらえた。それゆえ吉本の論理に従えば、「転向思想とは、日本の現実社会の問題をしっかりとうけとめることのできない思想一般」、「日本の現実社会において有効なる保守をなしうる思想と有効なる変革をなしうる思想の双方をのぞく一切の思想」(4-348)ということになると鶴見はまとめる。そしてまたここから、「日本封建制の優性遺伝的要素に無条件で屈服する」(4-349)佐野・鍋山型の「転向」も、「思想を原理として完結した結果、日本の現実社会にぶっつけて検証することをさけて、逃避する」(同)蔵原・宮本型の「非転向」も、「吉本は、同時代の状況との接触を失うということにおいて、これら獄中共産党員による非転向は、転向を受け入れた人々の思想と転向を受け入れたもと共産主義者の思想と同じく不毛な実りのないものであったと論じました」(5-78)とされる。

吉本はこのような思想を、時代との接点、時代への方針をもたないものとする。そしてこれら二方向とは異なる転向のタイプを、『村の家』(一九三五年)(＊3)を書いた頃の中野重治に見る。鶴見の述べる、吉本による中野評価は、次のようである。

「『村の家』の主人公は出獄後田舎にかえって来て父親にしかられ、自分のえらんだ

＊2　文庫版は『マチウ書試論・転向論』講談社文芸文庫、一九九〇年。

＊3　「志を貫き筆を折れ」と言う純朴な昔気質の老いた父親と、書くことにより「転向」を引き受け闘い抜くと自らに誓い課す息子。その対立をとおして、転向の内的過程を強く深く追究した作品。文庫版は『村の家・おじさんの話・歌のわかれ』講談社文芸文庫、一九九四年。

思想に殉じることができないくらいならもうものを書くのをやめろと言われる。この時、主人公の父親の言動において、封建的日本の優性遺伝が見事に描かれ、これに対して、主人公である息子が『よく分りますが、やはり書いて行きたいと思います』と答える時、日本の庶民の中にあるこの封建的優性との対決に新しく立ちあがってゆく革命家の姿勢が見られると吉本は言う。ここには、佐野・鍋山のように、大衆からの孤立を恐れて転向してゆく姿勢はなく、蔵原・宮本のように大衆に対しては無関心に自分たちの論理だけを追う仕方での非転向型転向の姿勢もない」(4–349～350)。

そして吉本の「転向論」には、論理や用語上の混乱があるにもかかわらず、「とくに、日本共産党最高位の理論家蔵原・宮本の非転向を、蔵原・宮本の指導の下に日本共産党の攻撃してきた近代主義そのものとして評価し、蔵原・宮本らの論法は日本の現実と無関係に完結してしまうもので、日本社会の現実問題の重みをうけとめる論法にはなり得ないとしたところは、敗戦直後に日本共産党が進歩陣営に対してもっていた権威に気がねせずに、その弱点をずばりと言いあてている」(4–350)と賛意を示す。

吉本の「転向論」に対する鶴見の引用は、しばしば繰り返され、他の箇所では、「この『転向論』は重大な新しい道を開いた。それは、明治以後の日本の近代文化の道すじを、ふりかえって照らすひとつの松明である。特定状況における一個の転向の実例を分析して、この百五十年の日本文化の状況と取り組み、日本の知識人が伝統とどのように対してきたかを一瞬にして照らした」と評価する(再–21)。すなわち「転向を、近代国家としての日本の出現以降の進歩に並行する事実として記述することは、日本文化の強さにつきまとう弱さを知る上で大切である」(再–26)ことを、この吉本の「転向論」は身をもって示したと言えよう。

7

かくして鶴見の転向・非転向への視点は、日本思想史、日本社会の構造に関する事柄をも含めて、われわれの思想のあり方に重大な問題を提起したが、近年、これについて新たな局面が生じたので、最後に触れておきたい。

それは、石堂清倫の書いた転向についての考察に、鈴木正が注目したことに端を発する。すなわち石堂が、「『転向』再論——中野重治の場合」(＊4)において、戦前左翼が、一九三〇年末から小一年のあいだ、軍部による全国各地での農民に対する組織的なデマゴギーとその宣伝効果を見過ごしたことは重大な誤りであったと述べたのを、鈴木は、「このことはよほど、無念だったにちがいない」(再-38)と同意を示して、当時の軍部の言動が、「革新」的で扇動的であったこと、そしてこれに煽られた世論の高揚の中で満州事変が起こったことを指摘する。その上で、左翼の側における誤りの原因を次のように述べる。

「この動きを軽視したのはなぜか。石堂さんの反省は、最も強い反戦勢力であった日共が創立以来、コミンテルン（略）のほうばかりに顔を向け、ソ連防衛の任務に忠実のあまり、日本の現実を自分の目でみて、その経験から反戦のための、より緩やかな連帯行動を可能にするような共同の知恵を探ろうとしなかったからである」(再-39)。

一方における、権力・軍部による「〝母乳とともに飲みこんだ愛国心〟という日本人の泣きどころを鷲づかみにするような転向政策」(再-43)と扇動、他方におけるコミンテルンの権威主義への拝跪という表裏一体の関係が、日本の左翼の運動とその転向を不毛な歪めたかたちに至らしめたと、鈴木は述べる。

＊4　石堂清倫『20世紀の意味』平凡社、二〇〇一年、所収。

これに関連して、鈴木は、侵略戦争下の中国における転向問題を取り上げ、「抗日」中国において計画実行された「緊急避難」的性格をもつ転向について、こう指摘する。

「劉少奇（略）が広汎な抗日統一戦線のために、それを組織する活動家の不足を痛感して、獄中にとり込められている同志をとり戻す計画を立てた事実に注目しないわけにはいかない。

国民党政府は共産党員が悔悟し、政治活動を放棄することを誓えば放免してもよいという懐柔（アメ）の政策を採用するようになった。それ以後、中共はこれを利用する政策に転換する。『反共啓事』という文書に署名して出獄することを促したのである」（再-44）。

この、組織として転向・出獄を認める政策が実施されたことを、鈴木は「そこには正義と有効性とが個人の道徳（私徳）の位相でなく、抵抗する集団の公徳にかんする問題としてとらえられている」（再-45）と評価する。

そしてこの中国革命での歴史的経験に石堂が感銘を受けたように、「もし同様のことが日本の反戦と革命をめざした運動において時機を失することなく、提起され実行されていたら、石堂さんの尊敬する中野重治が、文学の場で果たそうとした『革命運動の伝統の革命的批判』を政治の場で遂行できたであろうに。そして転向と偽装転向の問題はもっと生産的になり、戦後の『転向』論の趣は変わったのではなかろうか」（再-47）と指摘する。つまり「階級的な敵との闘争における不屈な態度と、政治上の戦略・戦術の弾力性は本質的に矛盾しない」（同）のであって、日本における転向・非転向をめぐる意識と中国革命の経験を比較する時、後者に、社会変革運動に対する懐の深さというものを感じざるを得ないのではなかろうか。

鶴見は、この鈴木の指摘を受けて、石堂の「日本共産党の転向の裁定のかたくなさと勇み足への批判」(再—15) から、「ソ連共産党の日本把握を受けいれ、ソ連共産党の政策を受けいれるかどうかを転向・非転向の基準とする。そのように明快に、当時の日本共産党のとった転向概念を石堂はとらえた」(再—19) と指摘する。

さらに日本共産党の転向概念に対して、日本政府の転向の規定が、一九三三年と一九四〇年では違ってきたこと、すなわち一九三三年の転向では、天皇制廃止の主張を取り下げるかどうかが問題となり、マルクス主義思想を持ち続けるかどうかまでは問われなかったのに対して、一九四〇年以降では、日本政府の戦争推進を支持する立場にまで思想を変えるかどうかが問われるようになったこと、したがって一九四〇年以降は、非転向の可能なかたちとしては、偽装転向のみがあり得たことを認める。

この状況においてもなお日本共産党の転向概念しか持てず、中国でのような方策がなかったことは、当時の日本の運動の不幸ではあるが、しかし今日、右に述べたような転向の経験が示されたことは、転向についての論議を深める契機となり得るであろう。

「『転向』という言葉が、一九三〇年代、一九五〇年代にくらべて、はやらなくなったという事実の中に、日本を見る大切な見方がある。転向という事実は、煮詰まっている。それをとらえるのに、別の枠組みが用意される必要がある」(再—22)。

このように鶴見は、転向論を批判的に再構築していく展望を語る。

8

以上、鶴見の転向論の紹介というかたちを取りながら、転向について論議していく視点のあり方を検討してきた。その中で、日本の革命運動における転向・非転向の問題が、日本社会の意識構造そのものに即していること、そして他面この問題は、個人の倫理性の次元にとどまらない政治の問題として扱われる必要が多々あることが確認され、今なお日本の転向論議に存在する次元の限界が指摘された。もちろんこれは個人にまったく無関係ということではなしに、個人の倫理性の問題もそういう面から検討される必要があるということである。

それゆえ転向問題は、倫理的であると同時に政治的、個人の抵抗であると同時に集団の抵抗であるという視点で考察されていかねばならないであろう。そこにはまた思想のあり方を、完全な出来上がったものとしてでなく、信念と態度の複合としてとらえ、具体的な生きた姿であらわそうとする姿勢が示されるであろう。鶴見の次の言葉は、このことを示唆している。

「非転向への不毛な固執を避けて、しかしまともな人間として現代に生きてゆこうという考え方。これを見出す道はその頃にもあったはずだ。これからは現れると思う。

転向前と転向後の思想のつながりを自分で確認することを、最初の関門としておく、そしてこの関門を一度通ったらそれで終わったと見なさないようでありたい」(再–30)。

第6章　日本のアイデンティティーについて

——吉田満『戦艦大和ノ最期』（一九五二年）をめぐる論争

1

ここまでわれわれは、鶴見の視点の持つ、「私的な根」に依拠する国家権力への抵抗の面を見てきた。確かに近代国家という制度に関してさまざまな問題が出てきているとはいえ、現在において国家とこれが持つ権力は、なお圧倒的な力を有している。それはわれわれの日常生活の隅々にまで影響と支配を及ぼしており、現にわれわれは、この国家の国民というかたまりとして扱われている。それにもかかわらず、あるいはそれであるからこそ、鶴見は、国家と国民というかたまりに一色に染められてしまうことに馴染めないズレが存在していること、すなわち近代国家という制度にはめ込まれ、国民という色に塗りつぶされる側面のみでは覆いきれないものが存在していることを指摘してきた。つまり国家―国民という軸とは別に、これに並行して、あるいはこれを包み込むかたちの軸と言えるものが存在し、この後者の軸が、前者の近代的枠組みの前提あるいは基底となっているということであろう。けだし後者は、人間社会が社会として成立以来存在した軸であるからである。しかるに近代国家成立以後、前者の軸により、後者はこれに吸収されてしまったかのような感があり、われわれは、あたかも国家が「アイデンティティー」を持ち、すべての「公的なもの」を代表しているかのような印象を持っているのである。しかし近年われわれは、それのみには収まらない後者の軸がさまざまな局面で噴出しているのを見、その反面これを強圧的に抑え込もうとする力もまた働いているのを見る。

そこで現在われわれは、これら両者の軸の関係を今一度問いなおす必要のある時代に、われわれの「アイデンティティー」とはそもそも何であるのかを再検討する時代に入ったと言うことができるであろう。そしてこのことを最も端的に示すことのできる契機として、国家の戦争において諸個人の持った視点の分析がある。戦争に巻き込まれ、遂行協力せざるを得なかった個人にとっての「国家」と「アイデンティティー」とは何であったのかを明らかにすることで、右のズレの内容を明確に意識化し、今日的な状況における有効な視点として持ちつづけていくことが要請されているのである。

このような問題意識の上に立って、本章では、鶴見の取り上げた、吉田満『戦艦大和ノ最期』(＊1)を素材として、これが提起した問題が現在もなお続いていることを確認しつつ、国家と「アイデンティティー」をめぐる諸問題を考察したい。けだし昨今の状況が、まさしくこの問題をめぐっており、これが今後の決定的な環の一つになり得る予測があるからであり、吉田の作品そのものは、すでに五〇年以上の昔を語ったものであるが、今日をなおその射程内に置いているからである。

＊1　吉田満『戦艦大和ノ最期』講談社文芸文庫、一九九四年。

2

最初に、鶴見に従って、吉田満（1923–1979）について少し述べよう（4–324 ～ 325 参照）。一九二三年生まれの吉田は、東大法学部在学中の一九四三年、学徒出陣に際して海軍予備学生となり、海軍少尉に任官、戦艦「大和」乗り組みとなった。「大和」は、六万八二〇〇トン、二七ノット、乗組員二七〇〇名という当時世界最大の軍艦であり、一九四五年四月六日、沖縄への特攻攻撃「天号作戦」により徳山沖を出撃、翌七日に沈没した。吉田は、この時「大和」の副電測士として乗っており、「大和」撃沈時に救出されて、敗戦直後にほとんど一日で、文語詩『戦艦大和ノ最期』を書いた。戦後、日本銀行監事に在職中病没した。

『戦艦大和ノ最期』の方は、敗戦後の占領軍の検閲制度の下で、一九四六年には、第一稿の発表が全面的に禁止され、その後口語体での発表を経て、ようやく原型のままの形で出版されたのは、平和条約の成立＝検閲制度が廃止された一九五二年のことであった。

この吉田の作品について、鶴見は次のように評価する。

「この長編記録詩は、勇敢な青年兵士にふさわしい文体の率直さによって日本文学のひとつの古典として歴史に残るでしょう。その偉大さは、この作品のうちに何ら戦後性の痕跡をもとどめていないということにあります。戦時の軍人の文体によって書かれることを通して、かえって戦争時代の精神をこえてこの時代とはちがう別の時代にすんでいる読者たちの心中にまっすぐに訴える力をもっています。そしてこのことは、いかなる時代のいかなる社会においても文学作品というものの普遍性の試金石となるでしょう」(5–128)。

そしてこの作品における最重要な問題点、クライマックスは、本土出撃後の航海途上の士官たちの白熱した議論の中にあらわれる。それはこう要約される。

「すでに最後の航海に出発したあとで、艦橋で作戦についての議論がなされる。この作戦は、アメリカ空軍に対して最も魅力あるオトリを提供して、なるべく多くの飛行機を自分自身にくぎづけることによって、別部隊の行なう沖縄米軍基地攻撃を成功させることにある。だからこそ、どういうふうにしてかえってくるかはまったくかえりみられていない。燃料も往き道分しかつんでいない。(略)これが世界海戦史上、空前絶後の特攻作戦となるだろうと評価された。(略)すでに最後の旅に出てしまっているので、青年士官たちは日本政府の拘束をはなれてまったく自由に議論しはじめ、必敗論が勝をしめた。この時、だまってきいていた古参の海軍将校・哨戒長の臼淵大尉は、さらに徹底した議論をもって新参の学徒将校をおさえた」(4–326 ~ 327)。

つまり士官たちは、これまで抑えられてきた言論上の統制がとれてしまった状況で、なぜ自分たちが死ぬのかの目的について議論し、その中で自分たちの死の戦略上の無意味さを認識していった訳であるが、しかしその無意味さの持つ意味が、臼淵大尉の発言によって最終的に意味付けられたとする。このことを、吉田自身の文から引こう。

「痛烈ナル必敗論議ヲ傍ラニ、哨戒長臼淵大尉（略）、薄暮ノ洋上ニ眼鏡ヲ向ケシママ低ク囁ク如ク言ウ

『進歩ノナイ者ハ決シテ勝タナイ　負ケテ目ザメルコトガ最上ノ道ダ

日本ハ進歩トイウコトヲ軽ンジ過ギタ　私的ナ潔癖ヤ徳義ニコダワッテ、本当ノ進歩ヲ忘レテイタ　敗レテ目覚メル、ソレ以外ニドウシテ日本ガ救ワレルカ　今目覚メズシテイツ救ワレルカ　俺タチハソノ先導ニナルノダ　日本ノ新生ニサキガケテ散ルマサニ本望ジャナイカ』

彼、臼淵大尉ノ持論ニシテ、マタ連日『ガンルーム』ニ沸騰セル死生談議ノ一応ノ結論ナリ　敢テコレニ反駁ヲ加エ得ル者ナシ」(＊2)。

鶴見は、この論理について、「軍人としての冷静な計算を徹底させてゆくならば、みずからが命じられたこの出撃が軍事的に無意味であることをさとらざるを得ない。自分たちにこのような作戦を命ずる日本の軍隊の訓練のしかた、その構造、その考え方の根底にまちがいを認めざるを得ない。軍人としての思想を徹底させる果に、臼淵大尉のこのような結論が生まれたのだ」(10–13) と見る。そしてこれを「合流の論理」(同) と名づける。

それは次のようなものである。

＊2　吉田、前掲書、四六頁。

「自分たちはこの方角にむかって動く。自分たち以外の諸勢力は自分たちを押しつぶすためにこのように動く。その結果自分たちはこのように屈折して、自分たちの目的を達せずして失敗するであろう。その自分たちの失敗のしかたそのものが、自分たちのプログラムの中にふくまれて、自分たちが現在表面的にこころざしているよりも高い目的が、自分たちの失敗の上に現われてくるであろうと考える」(同)。

このことを日本の十五年戦争にあてはめた場合、それは「大東亜戦争を、アジア・アフリカの植民地解放というよい結果のゆえに肯定するという考え方」(10–12)を批判し、「戦後のアジア・アフリカ諸地域の独立は、日本国家の戦争目的があのようなしかたで挫折したことの結果として生み出されたものだ」(同)とする視点となる。そしてまたこの論理は、十五年戦争の指導者たちとその追随者たちの、「単に目前に新しく生じた結果をつねに正当化する論理(状況追随の論理)」(10–13～14)=「戦争中は楠正行に続けと、名文章を書いて、みずからは死地に立たずに青年を死に追いやり、戦後はこの民主主義こそ自分たちの願ってきたものだと、アメリカ占領軍の政策に身をよせる」(10–14)論理を厳しく批判する視点ともなる。われわれはこの視点を現在において生かしていく道を探らねばならぬ、と鶴見は主張する。

3

とはいえ吉田の視点は、鶴見によれば、軍人の反戦行動への転向コースとしてとらえることができる。

というのも、戦争開始決定にかかわった最高級の軍人は別として、「軍人一般にとっては、可能なかぎり軍人のルールからそれぬように無用な殺人をさけつつ戦争努力をするという方法か、あるいは最も勇敢かつ無益な仕方で死ぬことをとおして軍首脳部の反省を求めるという方法」(4―327)が、「軍人勅諭」から「戦陣訓」の延長上において「軍人の職務意識によってゆるされた数少ない反戦行動への転向コース」(同)として認められるからである。

すなわち吉田においては、前記の記述より、後者のコースにおいての戦時下国家主義思想からの目覚めが認められる。しかし同時に、「思想としてはすでに転向しながらも、行動形態においては最もきびしく旧来の軍人としての行動ルールを守ろうという意識が最後までつらぬく」(4―328)という状態に置かれるのが、吉田の状況とされる。それは次の箇所で示される。

「声涸レテ響キワタル『准士官以上ハソノ場デ姓名申告、附近ノ兵ヲ握ッテ待機、漂流ノ処置ヲナセ』叫ブアノ横顔ハ清水副砲長カ

――シカリ、ワレハ士官ノ端クレナリ――兵隊ヲ握ル　一人ヲモ多ク収拾シテ次ノ行動ヲ待ツ

何ヲ放心シテイタノカ　今ヲ措イテ責任ヲ果ス時ガアルカ――

声ヲ張リ上ゲ、腕ヲ揮ッテ姓名申告」(＊3)。

鶴見は、これについて続ける。

「軍艦は沈没し、戦闘は敗北に終り、ここに軍人の世界はなくなったので、新しく生れた海上の無名の世界、海上の共和国の上に兵たちはひとりひとりの才覚をよりどころにして立ちおよぎをしているのだが、青年士官の吉田は、軍人世界の崩壊してしまった無階級の世界においてなお軍人としての本分を守ろうとする。軍人とは、上・

＊3　吉田、前掲書、一三四頁。

下のヒエラルキーの世界だ。混乱の中においてさえこのヒエラルキーの感覚を守ろうとするのだ」(4–329)。

この状況は、先ほどの「大和」艦上での臼淵大尉の主張に賛意を示した吉田との矛盾を示している。すなわち、これまで確認してきた「思想とはまず、信念と態度との複合として理解される」とする鶴見の視点からすれば、まさしく転向である。

「外部世界における旧階層秩序の崩壊を認識しながらも、それと並行して自己の内部世界においてはもはや外の世界と見あうところのない旧来の階層秩序の折目正しさにしがみついている。この思想形態は、それじしんが、彼の戦時の思想（軍人的外部世界の肯定と軍人的内部世界の肯定）にくらべるならば、一つの転向である」(4–329)。

吉田の場合、この分裂、矛盾した意識の状態が、戦後のもう一つの「戦艦大和（日本銀行）」の勤務においても、絶えず問い続けられ、深められる。そしてこの問題は、戦争とそれに対するわれわれのアイデンティティーの問題として提起される。

4

吉田はこの問いを、「戦後日本に欠落したもの」(＊4)と題する論文において提起する。それは、戦争終結から三三年後（一九七八年）の不況と円高という内憂外患の状況を踏まえて、次のように述べられる。

「ポツダム宣言受諾によって長い戦争が終り、廃墟と困窮のなかで戦後生活の第一歩を踏み出そうとしたとき、復員兵士も銃後の庶民も、男も女も老いも若きも、戦争にかかわる一切のもの、自分自身を戦争協力にかり立てた根源にある一切のものを、

＊4　吉田『戦中派の死生観』文藝春秋、一九八〇年、所収。初出は、『季刊中央公論・経営問題』一九七八年春季号。

抹殺したいと願った。そう願うのが当然だと思われるほど、戦時下の経験は、いまわしい記憶に満ちていた。

日本人は『戦争の中の自分』を抹殺するこの作業を、見事にやりとげた、といっていい。戦後処理と平和への切り換えという難事業がスムーズに運ばれたのは、その一つの成果であった。

しかし、戦争にかかわる一切のものを抹殺しようと焦るあまり、終戦の日を境に、抹殺されてはならないものまで、断ち切られるようになったことも、事実である。断ち切られたのは、戦前から戦中、さらに戦後へと持続する、自分という人間の主体性、日本および日本人が、一貫して負うべき責任への自覚であった。要するに、日本人としてのアイデンティティーそのものが、抹殺されたのである」（戦-15）。

すなわち吉田は、戦中の「アイデンティティー過剰の時代」――それも「枠」のみが強調された、「実体のない、形骸だけのアイデンティティーの時代」――への反動から、戦後は、「そういう一切のものに拘束されない、『私』の自由な追求」の時代に移ったとし、「アイデンティティーのあること自体が悪の根源である」（戦-16）とみなされたとする。そして「私」の視点一辺倒から、「およそ『公的なもの』のすべて、公的なものへの奉仕、協力、献身は、平和な民主的な生活とは相容れない罪業として、しりぞけられた」（同）と批判する。この姿勢は、高度成長期にはまだ矛盾を生まなかったが、しかし今や「批判さるべきは、みずからのうちに成長率の節度を律するルールを持たない、日本社会の未熟さであり、こうして培われた国と民族の伸長力を、何の目的に用うべきかの指標を欠いた、視野の狭さ、思想の貧困さ」（戦-21）である。

吉田はこのように、戦後日本社会を解明することで、「日本人としてのアイデンティティーの確立」を主張し、その有力な手がかりとして、太平洋戦争の原因、経過、結末の客観的分析の必要をあげる。

5

この点に関して、同年八月に吉田と鶴見の間に「『戦後』が失ったもの」(＊5)と題する対談がもたれる。そしてここで、吉田が問いかけたアイデンティティーの問題が中心的に語られる。

鶴見は、先掲の吉田の論文に関して、「おそらく吉田さんの論文には、日本人の抑止力のなさというか、ブレーキがきかなくなる特性に対する憂慮があるような気がするんですね」(S-76)と同意を示しつつ、次のように論評する。

「ただ、吉田さんの論旨とわたしの論旨が違ってくるのはそれから先で、吉田さんが『アイデンティティーを失った』とおっしゃるときのアイデンティティーということば、その受けとりかたがわたしはちょっと違うんだな。アイデンティティーというのは精神分析から出てきたことばで、『自分らしさ』ということですね。それがより広く、自分たちの仲間である民族の自分らしさになってゆくわけですけれども、その民族文化の自分らしさをよりどころとして、個人の自分らしさをどのようにして確立できるのか、これがアイデンティティーという問題を考えたエリクソンの発想の眼目だったと思うんです」(S-76～77)。

「吉田さんの場合は、(略)／むしろ、ちょっと横すべりしてしまって、国家としての同一性という地点に早くもってゆきすぎているように思われるわけです」(S-77)。

＊5　鶴見俊輔座談『戦争とは何だろうか』晶文社、一九九六年、所収。初出は、『諸君!』一九七八年八月号。

すなわち鶴見は、吉田の問題意識とは少し異なる「日本人が個人としての自分らしさを失ってしまっている点」（同）を指摘し、「民族の習俗のなかに、つよい個人を養い育てるものが求められる。どうすれば、そういうものができるかということ、これが戦後日本のアイデンティティーの問題の核心ではないでしょうか」（S−77〜78）と問いかける。

これに対して吉田は、戦前から戦中にかけての時代の個としての内容の空虚さを踏まえて、「ただ、そのアイデンティティーの内容を充実させるための足場として何があるかを考えたとき、わたしは、世界のなかでの日本人としての場というものが、民族の習俗を含めてですが、端的に個を動かす一つの場であると思ったんですね」（S−78）と答える。そして「おっしゃるように、太平洋戦争のような愚かな破局に追い込まれていったのは、結局、指導者の側にも国民の側にも抑制力がなかったからで、アイデンティティーの確立こそがブレーキをきかせる決め手であったということでしょう」（S−78〜79）と、アイデンティティーの確立を、抑制力、ブレーキを契機として見る視点を示す。

この点について鶴見は、明治以後の歴史を振り返って、「明治三十八年（一九〇五）の日露戦争を負けないで切り抜けたときに、日本の国家の指導者に大きな転換があった」（S−82〜83）と指摘する。すなわちロシアとの戦争の終結時において、児玉源太郎（陸軍参謀総長）と小村寿太郎（外相）のコンビが見せた戦争収拾のやり方を評価して、次のように述べる。

「あのときに、児玉源太郎と小村寿太郎は、ナポレオンもヒトラーもできなかったことを成しとげたんです。（略）あのときにいい気になってブレーキを踏まずにいたならば、大負けに負けてたいへんなことになっていたでしょう。指導者側があれだけの抑止力を働かせることができ、また、国民の側でも、日比谷焼き討ちなどで不満をあらわしたにせよ、とにかく自分を抑えることができた。あの相互の抑止力のきかせかたというものは、すばらしいものだと思うんです」(S–83)。

ところが、この相互のブレーキが、一九〇五年（明治三八）以降になると途切れてしまった、というのが鶴見の主張である。すなわち「名誉や利益についての欲望に抑えがきかなくなり、そういう指導者の姿勢が大正時代の青島出兵につながってゆく。昭和の初めになるともう無茶苦茶で、理性的に考えたら負けるに決まっている戦争まで敢行してしまう」(同)「ブレーキなしの桃太郎主義」(同) とその破局にまで至る。しかも重要なことは、この傾向が、敗戦によっても変わらなかったということである。すなわち戦後に関して鶴見は、「敗戦後、マッカーサーが勝利者の寛大さでいい気になって作った〝新憲法〟を、何ら疑うことなく国家目標として邁進し、今日の隆盛をきたした。明治三十八年以降にできた〝型〟を敗戦後ももちつづけたということ」(S–84) を指摘する。

これについて吉田も、「昭和三十年（一九五五）代から四十年代にかけての日本経済の高度成長は、戦争に勝った状態と同じですね。ドイツは日本より先に経済成長したけれど、ギリギリのところでブレーキをかけていた。日本の場合は、かなり痛い目にあわないとブレーキがかからない。その後さまざまなショックで痛い目にあっていま、ようやく少し反省するようになったというところでしょうか」(S–87) と賛意を示す。

この抑止力、ブレーキを示すものとして鶴見は、個人の確立の姿としての「自足の人になること」(S–81) と、これを保証する環境としての「『村』の再評価」(S–93)（「明治以前からの日本の村の伝統」(S–95) の尊重）を提起する。前者は、換言すれば、「立身出世とか、他人の出世に対する妬み心とかにまったく関係なく平然としている人」(S–81) であり、歴史的に見ればこの視点を日本という国に当てはめた人物として、石橋湛山があげられる。

鶴見によれば、石橋は、「いまの抑止力の問題にしても、『小日本』という考え方をとり、中国へ出てゆく考え方はとらない。青島出兵には反対なんです。つまり、国内改革で景気をよくするためにさまざまな事業を興す。そういう方向にすすんでいる。日本国内に自足の人が生まれ出るような普通人の文化を高めようと、その立場から文芸評論を書いています」（S–89）と評価され、この視点が戦後も顧みられず、戦争中の自分の責任についての反省が（右翼のみならず左翼の側にも）なされずに、「敗戦直後の戦争責任の追及の問題が、右翼と左翼の区別の問題にすりかえられてしまった」（S–91）ことが、抑止力を弱めている原因となったとされる。

後者の「村」の再評価については、この場所がむしろ日本人の個の確立にとって重要であったことを再認識する必要があるとされる。すなわち日本の村の場合には、例えば水利の慣行等を寄り合って決めることが非常に多い。あるいは「日本の村では殲滅戦をしないんですね。あいつはわるいやつだと言って、（略）ジリジリといやがらせはするんだけれど、ブッ殺してしまうまでの思想的な差別とかはしない」（S–96）ということがある。そしてそのような習慣が個人をつくってきた。このことは、普遍宗教の受け入れ方にも示されている。これについて鶴見は、こう語る。

「日本の場合には、普遍宗教は儒教と仏教というかたちで入り、キリスト教もほんのちょっとあるけれど、その受け止めかたが、村のふつうのしきたり本位で受け止めていたと思うんですよ。仏教や儒教は、それにあるていど飾りとしてつけ加えられたんですね。普遍的な教えはじゅうぶんもっているが、自分自身が普遍者だという思い上がりがない――村の思想で普遍思想と受け止めている。それが日本の大衆思想のいい面で、それこそもう、アイデンティティーなんだなあ」（S–97）。

ところが「日本では、宗教をあるていどの飾りとして受け入れることのできた村の思想が、明治以後崩れていって、しまいには万邦無比の『国体』思想になってしまった。それは、かたちは日本古来のものだけれど、中身はキリスト教、十字軍の戦争と同じですよ。（略）その万邦無比の国体を朝鮮、台湾からはじめてアジア各地に輸出しはじめた」（S–97～98）。

鶴見は、このように語ることで、「村」のアイデンティティー、「民族文化」のアイデンティティーをとりもどすことによって、個人のアイデンティティーが確立していく方向を探る。これは、一種の保守主義としても成立する可能性を持っているが、また現実の国家、政府を批判していく視点を明確に持つことになる。

以上の議論をまとめて、鶴見は、アイデンティティーの問題について、こう述べる。

「わたしは、個人のよって立つ民族の伝統というものがまずあって、その次に国家の問題が来ると思うんです。そしてその次に政府が来るわけですけれども、日本では国というと、いまの政府というふうに短絡して、いまの政府を無条件で支持するところまでいってしまう。そうではない生きかたが出てこないと、アジアとの連帯などもむずかしいですね。

逆に個人をたいせつにするという気風が生まれて初めて、アジア諸国に対しても個人と個人の交流が生まれ、民族と民族の交流となって、それがおのずから日本という国の評価も変えてゆくことになると思う」（S–99～100）。

この、現存の国家、政府を超えるアイデンティティーを提唱していく視点は、個人のレベルでの問題が、民族のレベルでの問題とつながり得る可能性を持つものであり、今日特に検討されねばならないであろう。鶴見は、吉田との対談の中で、戦後の日本にとっての重要事をこのように解明する。

6

鶴見と吉田との対談に対して、二カ月後の同誌に、粕谷一希が「戦後史の争点について——鶴見俊輔氏への手紙」(＊6)と題する論文を寄稿し、主には鶴見の提起したアイデンティティーの問題についての疑問、批判を提出する。

粕谷の問題意識は、次の点から出発する。

「敗戦によって日本は生れ変ったはずだった。単純化すれば、戦後の歩みは、明治以降の〝富国強兵〟路線を捨てて、〝富国〟の道を歩んできた。けれども路線の違いこそあれ、日本人の体質はあまり変っていなかったのではないか。かつての日本が〝列強に伍して〟軍事大国を実現したとき、すでに破局への萌芽を宿していたように〝世界の先進国に伍して〟経済大国を実現したとき、(略)新しい破局の萌芽をすでに宿しているのではないか」(S–104)。

すなわち戦前に軍人の独走を許した日本人は、戦後、経済人の独走を許してしまい、これを批判するべき知識人も有効性を欠いたままの批判しかなし得ていない現状がある。このような状況を見るならば、「敗戦のとき、トータルな自己批判として出発したはずの戦後の出発にどこか視点の欠落があったのではないか」(S–105)という疑問が出てくる、というのが粕谷の主張である。

この視点より、戦中から戦後についての事態を、粕谷は次のように述べる。

「太平洋戦争はたしかに帝国主義戦争の一面をもっていました。またそれは軍国主

＊6　鶴見俊輔座談『戦争とは何だろうか』所収。初出は、『諸君！』一九七八年一〇月号。

義支配の一環としての戦争であったことも事実です。けれどもまた、明治維新によって成立した近代国民国家・近代主権国家としての戦争でした。国民は徴兵令の下にあり、国家は交戦権をもっていました。（略）祖国存亡の危機に際して、国民がとくに青年たちが身命を賭したのは、軍国主義のためでもなく帝国主義のためでもなく、共同体としての民族のための死ではなかったでしょうか」（S–109）。

これは、多くの人々、青年が〝国のために死ぬ〟ことを選び、「それは戦争に積極的意義を認めた人々だけでなく、懐疑的な人々、批判的な人々の大多数も、義務として国のために死んでいった」（S–106）という事実をどう評価するかという問題となる。粕谷はこれについて、「この〝国のために死ぬ〟行為に、一定の同義的評価を与えなかったところに、戦後日本の出発点での過誤があったようにおもわれます」（S–107）としてこう続ける。

「戦争のために死んだ二百五十万の死者たちを祭ることが、その死の意味をもう少し掘り下げて考えてゆくことが、日本人の共同の行為としてあってよかったと思います。

戦争に批判的たりえなかった人々は、戦後になって〝先見の明〟のあった人々から多くを教わりました。逆に〝先見の明〟ある人々は、自らの解放感を抑制して〝国民国家の論理〟に殉じた人々の道義的意義を限定的にもせよ評価して進んで葬儀に参列することが必要ではなかったか。戦後日本の進歩思想が一定以上の影響力をもてず、日本人の心理に深い亀裂をつくっていった第一歩は、ここにあるように思われます」（S–110）。

粕谷はこのように、敗戦後の出発点での欠落について、先述の吉田の主張と相通じるものを提起する。そして戦後日本人の意識の特徴として、①「生活目標として『私』の追究が優先したこと」（S–112）を評価しつつも、それが個人レベルのみならず、集団レベルにまで優先されていること、また、②国家主義への反動・反省から、国家もしくは権力自体をも否定しがちな傾向（国家よりも社会、という論理）を持つことを指摘し、「けれどもそうした自由と多様性・多元性を制度的に保証するのも国家なのではないでしょうか」、「新聞・雑誌に氾濫する〝反体制〟〝反権力〟という言葉は、国家を不可触（アンタッチャブル）な存在悪と見なし、それへの抵抗がおのずから社会正義の実現となるような錯覚をあたえています」（S–113）と反論批判する。

つまりここには、戦後の風潮に対する疑問を、国家・国民を軸にしてとらえるという粕谷の姿勢が、戦後日本の進歩思想の最終的な到達概念であるとされる普遍的市民に対して、個別的国民というかたちで示されている。この姿勢が、保守主義なりに一定の支持と説得力を有していることもまた事実であろう。

7

粕谷からの批判に対して、鶴見は、翌年の二月に「戦後の次の世代が見失ったもの――粕谷一希氏に答える」（＊7）で立場を明らかにする。この中で鶴見は、「吉田氏と私との対談の争点は、『アイデンティティー』という言葉の使い方のちがいをいとぐちとしますけれども、それは一つのいとぐちにすぎず、それをとおして、私がはっきりさせたかったのは、国家批判の根拠は何かという問題です」（S–123）と述べて、問題の核心がまさにここにあることを示す。

すなわち『戦艦大和ノ最期』で語られた臼淵大尉の記録は、自分たちの無益な死を通し

＊7　鶴見俊輔座談『戦争とは何だろうか』所収。初出は、『諸君！』一九七九年二月号。

て、国家批判を後世に委ねるものであるが、その根拠として鶴見は、アイデンティティーの問題に関連して、「この場合、日本民族の自己同一性が、そのまま、日本国家の自己同一性ではないということ（両者は関連はありますが）、それをつよく主張したいのです。さらに、日本民族の同一性は、そのまま現政府の自己同一性ではないということもはっきりおぼえておきたいことです。その区別の中に、日本国家批判、日本政府批判の根拠があります」（S–123〜124）と述べて、粕谷の批判の視点とは異なる視点を出す。そしてこのことは、吉田との対談のテーマとなった事柄と通じているとされる。

「私が、吉田満氏の著作をはじめて読んでからこの人にたいして敬意をもちつづけながら、日本の現在についての診断として書かれた『戦後日本に欠落したもの』に、いくばくかの不満をもったのは、戦争把握の深さにもかかわらず、なおも国家批判の権利を保つところがはっきりしていないということを感じたからです」（S–127〜128）。

鶴見は、吉田についての感想をこう述べて、国家批判・権力批判の礎を、「それは具体的には、現政府がきめてしまったことを、根本から批判する力をどのようにして私たちは自分の中につくることができるか、という問題」（S–125）の考察に見ようとする。

その礎として提出されるのが、「市民」あるいは「住民」である。鶴見によれば、「もと、私、あるいは、私とつきあいのあるこの土地の誰かれ（これが、私の考える意味での市民です、住民といったほうがよいかもしれません）が現実性のない観念で、政府のほうが現実性のある観念だという考え方には、うきあがったところがあります」（S–124）とされ、政府にかかわる「国民」よりも、もっと身近な「自分と自分がここに住んでいる仲間」（S–130）から出なおしていくこと、したがって「そういう自分たちを、ある局面では守り、ある局面では圧迫するものとして国家があり、それに対するさまざまな方法を工夫をしていくこと」（同）が重要であるとみなされる。この「市民」「住民」は、国家という枠の中の均質な構成分子である国民の観念とは同じものではなく、この発想にはまた、「地域が世界にむすびつくという、逆説的な構造」（S–124）――それは自分のともに住んでいる仲間を、ナチュラルに人類の一員として見る視点である――があり、この見方がわれわれに自然に備わっているとされる。ここからすれば、国家や国民をもとにしてそこから考えるというのとはまた異なる方向が出てくる。鶴見の言い方を借りれば、「土地の文化から世界の文化にむかう、この動きは、私たちの日常生活のリズムの中にあります。それは、世界国家という架空のわくの中で考える種類のコスモポリタニズムと向きあうもう一つのコスモポリタニズムの芽です」（S–124～125）ということになる。

このように鶴見は、粕谷の批判に対して、「国民」とは異なる「市民」「住民」の視点からの国家批判、権力批判の眼を打ち出すが、粕谷の、自らの政治的保守主義を踏まえた上での主張――「政府を批判し場合によっては倒すこと、さらに体制としての国家を変革することの正当性を確認しながら、他方で民族共同体としての国家の、同一性、持続性を確認しながら、論議は展開されるべきでしょう」（S–118）――には賛意を示し、この立場を堅持するようすすめる。

しかし同時に鶴見は、転向史の共同研究の結果から、「そのような保守主義が、明治・大正・昭和を通じて、きわめて薄い層としてしかなかった」（S–131）事実を指摘し、「保守主義がそのまま現政府への無条件の追随になってゆくであろう」（同）と推測する。これは日本においてそのような保守主義が育ってこなかったし、現在も「弾力性のある保守主義」（S–132）が育っていないという状況についての鶴見の見通しであり、思想を完成した完全なものとしてはみなさない視点の再確認であると言えよう。

8

さて、以上のような「日本のアイデンティティー」問題に端を発して、国家批判、権力批判へと発展した鶴見を中心とする論争は、一九七九年七月の鶴見と司馬遼太郎との対談『「敗戦体験」から遺すもの」(*8)で、以前よりも幅を持った日本人の展望へと移っていく。

ここで鶴見は、レッドフィールド(Robert Redfield, 1897–1958)(*9)の「期待の次元と回顧の次元」(KK–87)という見方を援用する。それによれば、「いま生きている人は、こうなるだろう、こうすればああなるだろうと、いろいろな期待をもって歴史を生きてゆく」(同)次元(期待の次元)と、「ある時点まで来て、こんどふり返るときは、もう決まっているものを見るわけだから、すじが見えてしまう」(同)次元(回顧の次元)とがある。本来、この両者を混同してはいけないのであるが、敗戦のときの言論の指導者にはそれがあったとされる。すなわち、彼らは「自分はどういう気持ちで十五年間戦争をしてきたのか、自分がまちがえたときの期待の次元をもう一度自分のなかで復刻し、それを保守すべきだったのに、そのときに、占領軍の威を着て、嵩にかかってまちがった戦争だった、わかりきっていたことだと回顧の次元だけで、あの戦争を見た」(同)ということであり、さらに「いまをポイントにして、『戦後の進歩的文化人はなんだ!』とか、『戦後文学は全部虚妄だ』とか言うのは、わたしも片足を突っ込んでいた敗戦直後の進歩的文化人の流儀を、ほぼ無修正で復活させることだと思う。論理の型として同じことですよ」(KK–89)と分析する。

そして鶴見は、これを超えるような、リアリズム的「本格的な保守主義」を要求する。

*8　鶴見俊輔座談『国境とは何だろうか』晶文社、一九九六年、所収。初出は、『諸君!』一九七九年七月号。

*9　ロバート・レッドフィールド　アメリカの文化人類学者。“民俗社会”の概念を設定して農民社会研究を進めた。

この「保守とは、自分がいままで期待の次元で生きていた状態から手を放さずに、ちゃんとつかむことからはじまる」（同）のであり、進歩派批判にのみ終始している「保守派」ではなく、「日本が国家として、国民として寄りかかるに足る思想の共通の河床＝岩床」（KK–86〜87）を提示することであるとする。ここには、思想の一面性に対する明確な区別の視点があり、左右いずれもの支配的主流の思想に対して距離を置きつつも評価していこうとする姿勢がある。

この日本社会のリアリズムの欠如については、鶴見の、一九〇五年（明治三八）以来という説を踏まえて、対談者の司馬は、次のように述べる。

「日露戦争が終わったときに、陸軍少将は全部男爵になった。戦史の編纂は歴史家に委嘱するのがふつうですが、日露戦争史は軍人が書いている。すべての軍人が論功行賞の対象になってしまうものだから、結局は何の価値もない官修戦史ができあがってしまった。そこから日本のリアリズムがガタッと減った」（KK–85）。

またその後、石油が軍事的に決定的な戦略物資となった時代について、「机上論で言えば、もう日本は近代的な軍隊をもつ資格はなくなった、いっそ軍隊を廃止してしまおう、という方向に向いてもかまわない。が、軍人たちの職業的危機意識は逆に政治や国民思想を乗っとってしまうことに向かった。自分たちには存在理由がないことを内々感じたときに逆にファナティック（狂信的）になったわけで、こういう政治の精神病理というものが、昭和初期を支配したと思います」（同）と続ける。

司馬は、「その点から言うと、シベリア出兵あたりから敗戦までの日本の異常さは、われわれがものを考える上でのまともな思考の叩き台にならない」（同）として、鶴見の言う「岩床」について、「岩床を探さねば、日本の政治的正義というのがくりかえしうわすべりしてゆくということになります」（KK–87）と賛意を示す。

かくしてここに「日本のアイデンティティー」の問題が再度提出されることになるが、この「岩床」は、鶴見にとっても拠って立つことができ、「反革命」に対して闘うことのできる砦となる。これを自由主義と呼ぶならば、「その自由主義は、反々革命のかぎりにおいては、革命はいいと思う」（KK–92）自由主義であり、先述の「柔軟性のある保守主義」、リアリズムと通じるものがある。

そしてこの「岩床」として、日本的な精神的伝統として焦点を合わせられるのが、明治政府によって作られた国家神道以前に存在していた「非国家神道」である。これは、「神道」という名称が付くにせよ、村に土着の伝統・習慣に近いものであるとされる。そのいくつかの特徴を、鶴見はこう語る。

「非国家神道の一つの特色は、『思想？　フーン、そんなもの……』という、思想嫌いにあるんです。その思想を重く見ないという思想が岩床に近いんじゃないかな。たとえば、国体明徴とか目をつり上げないで、『人柄がいいなら、マルクス主義者でも何でもいいいじゃないか』というようにして助けてくれるひとがいるでしょう。（略）あれが非国家神道だと思いますね」（KK–97）。

「日本の村では、違う宗教や思想をもっているからといって、肉体的に殲滅はしない。それが村の伝統なんですね。これは非国家神道にひじょうによく似ている。重大なのは人間であり、生きていくためには互いに闇討ちはしないという約束を暗黙のうちに交わす。それが非国家神道の源じゃないのかな」（KK–97 ～ 98）。

鶴見は、このようなかたちの思想が、実は自分の立場ではなかったかと確認する。これに関連して司馬も、同様の受け取り方を次のように示す。

「わたしは、近畿地方の漁村へ、ここ十年ばかり、暇があれば行っているんです。このあいだ行った淡路島の小さな村でも、八幡様が氏神として小山の上に祭ってある。漁村だから浜辺には、海の神である住吉さんと恵比寿様が祭ってある。それだけでは効き目が薄いとみえて、金毘羅さんまで祭ってある。金毘羅の思想がどうのこうのというのではなく、住吉よりも効き目が高そうだということにすぎないんです。いわば金毘羅ビタミン剤ですね。あくまでも人間が中心にいる」（KK−98）。

このことは司馬によれば、「神道ということばができる前の、そしていまもわれわれがもっている〝神道〟」（同）と言えるものであり、「たとえば、山のなかを歩いていて、ちょっと気味わるく、何か皮膚感覚に来るなというところには、必ずといっていいほど祠がありますよね」（同）という感覚によって裏付けられているような、人間の日常感覚、村の日常生活の意識である。

この「非国家神道」なり感覚なりを再び見出すことが、「日本のアイデンティティー」につながる、というよりも、アイデンティティーそのものであるというのが鶴見の主張である。ところがこれを、前近代的、非科学的であるとして打ち捨てて、否定してしまう社会のあり方が日本ではまかり通ってきた。その結果が、リアリズムを欠いた国家、国民の進路となって破滅に導いたというわけである。それゆえに、「初めにきわめて具体的なかたちをした、それでいてあまり醇化されていない、あらがねの状態の普遍命題を出す」（KK−99）という日本の伝統の再発見こそが重要となる。

この点について司馬も、キリスト教との比較で、次のように述べる。

「わたしもそう思いますね。キリスト教について言いますと、神というフィクションを証明するために、重厚な神学ができたのであり、やがてそれが哲学を生んだんですね。ところが日本の場合は、谷のちょっとしたところを、自分に祟るんじゃないかと思う人が清めることによって、宗教が生まれた。清めるだけでじゅうぶんに自足してしまう」(同)。

はからずもここで「自足」という言葉が出されてきたが、まさしくこの「自足」の意味で「日本のアイデンティティー」の礎が説かれている。

鶴見─司馬の対談は、この後、人口の停滞をめぐる問題から、「停頓＝停滞の思想」へと移っていくが、進歩がすべてという風潮に反対するこの思想もまた、ある種の保守の契機としてとらえられている。

このように鶴見は、司馬との対談において、「日本のアイデンティティー」をめぐる問題を、近代社会の以前であり基礎であるものに根拠を求めることで、吉田の問題提起に応えようとしたのである(＊10)。

9

以上のように、鶴見にとっては、「日本のアイデンティティー」の問題は民族、国家、政府の三層において検討されるべきものであって、ここに国家批判、政府批判の根拠が存在するとされる。またアイデンティティーの問題は、個の立場よりする抵抗の問題として提起され、われわれ自身のかかわり方が考察されるべきであり、鶴見の場合、このことは、「期待の次元」と「回顧の次元」の区別とともに、後者によって一切を判断するのではなく、前者の生きていた状態から手を放さずに考えていくこととして提示される。そしてこれを堅守することによって、先述の臼淵大尉の発言の論理である「合流の論理」が、戦後

＊10　なお、この対談について吉田は、この後「死者の身代りの世代」(吉田、前掲書所収。初出は、『諸君！』一九七九年一一月号)を遺しているが、その中で吉田は、主として、鶴見の、現政府を根本から批判する力を自分の中に作り出し、国家の失敗をあともどりする先例をはっきり残すという主張に賛同しつつ、そのあともどりの主体である市民の責任において代替物の提供の必要を説く。また司馬については、敗戦と「日本のアイデンティティー」の問題で、次のような疑問を発する。

「司馬氏は鶴見氏との対談の中で、──戦後の日本は、経済大国とか言われてますが、他の国に影響を与えるほどの思想を持っていない。もしあるとすれば、『私どもは思想なしで、なんとか東京も比較的に犯罪件数もすくなくすごしています』ということでしょうか──と、さりげなく語っておられる。

日本民族の本質をめぐって、数々の長大作をものにされた氏が、明治維新に劣らぬ大変革であった敗戦の経験について、この程度の感想で片付けられるのは腑に落ちないように思われるが、いかがであろうか」(一二〇～一二一頁)。

から現代の日本社会に生かせる道が開けてくるとする。これは、その視点から、現国家、現政府の実施する政策に異議を唱える権利である。

この権利の根拠を、鶴見は、現国家を超えた、それ以前の「『村』の伝統」の日常生活の中に見る。鶴見はこれを「非国家神道」と名づけるが、要するにこれは日常生活の感覚であり、その確かさに依拠するものである。この中に生きる抑止力を備えた「自足の人こそが個の確立であり、これが現代社会の戦争の方向（「ブレーキなき桃太郎主義」）をとどめるために必要とされているとする。

それゆえこの視点は、現代社会を一色に塗りつぶしてしまう「国家」「国民」という立場にも、これを翼賛する思想にも、またこれに対抗して反国家権力闘争を煽る思想にも、異議を申し立てるものとなる。というのも鶴見自身は、リアリズム的な「柔軟性をもった保守主義」（自由主義）を標榜し、国家体制の打倒を目ざす「革命」に反対する、いわゆる「保守派」の「反革命」に反対する「反々革命」という、複雑な立場に立つものであるが、ここからすれば、現代社会の思想の主潮流のいずれもが、「『村』の論理」と「自足の人」を礎とする「非国家神道」とは相容れないものとなるからである。この意味で鶴見の思想は、左右どちらにも距離を置きつつも、国家批判・権力批判のラディカルな視点を忘れぬ立場であり、これは、ともすれば「アイマイさ」を含むものとみなされがちな立場であるが、批判の一つの視点として、絶えず自分の拠って立つ「岩床」にもどって、位置を確かめつつ行動する個人の姿勢となる。このように、近代社会の行き過ぎ、極端さ、一面性を戒める立場を忘れぬことは、現実に有効性を持つと考えられる。

ただ、その極端を嫌う思想が、現実に有効性を持つためには、「『村』の伝統」、「自足の人」に根を張った「非国家神道」の伝統と積み重ねによる社会的な厚い層の存在が前提とされねばならない。しかし、この層の形成が国家批判・権力批判へと向かわずに、逆に国家によって吸収されて、その支持層となっていったという歴史的な事実経過をどう総括していくかが今後の課題として残されている。このことは、鶴見の立場の有効性、意義とその限界を明らかにしていくことと密接に結びついている。

10

なお、先述の「日本のアイデンティティー」と国家をめぐる論争はさまざまに展開されており、これを国家の方向に収斂しようとする一人に加藤典洋がいることは周知のことであろう。これについて少し触れておこう。加藤の主張は、『敗戦後論』(＊11)に端的に示されている。

加藤は、戦後日本の社会が、人格的に二つに分裂しており、「改憲派と護憲派、保守と革新という対立をささえているのは、いわばジキル氏とハイド氏といったそれぞれ分裂した片われの表現態にほかならない」(敗-47)とする。そしてこの分裂の一方の担い手たち、「いまもたとえば、日本の護憲派、平和主義者は、戦争の死者を弔うという時、まず戦争で死んだ『無辜の死者』を先に立てる」(敗-56)。その中身は、肉親であり、原爆などの死者であり、二千万のアジアの死者であり、彼らを弔うことが第一とされる。これがジキル氏の「正史」の姿勢である。しかしそこには、「三百万の自国の死者、特に兵士として逝った死者たち」(敗-55)は、「侵略された国々の人民にとって悪辣な侵略者にほかならない」(同)とみなされるので、確たる位置を与えられないで「見殺し」にされる。

「ここで三百万の自国の死者はいわば日陰者の位置におかれるので、あの靖国問題

＊11　加藤典洋『敗戦後論』講談社、一九九七年。

は、このことの正確な陰画、この『空白』を埋めるべく三百万の死者を『清い』存在（英霊）として弔おうという内向きの自己、ハイド氏の企てなのである」（敗–56）。

加藤は、戦後問題の分裂とそれに伴う「ねじれ」の感覚をこのように分析して、次のように主張する。

「両者に欠けているのは、これらの死者は『汚れている』、しかし、この自分たちの死者を、自分たちは深く弔う、と外に向かっていい、内に向かっていう、これまでにない新しい死者への態度であり、また、その新たな死者の弔い方を編み出さなければ、ここにさしだされている未知の課題には答えられない」（敗–57）。

そしてここからの分裂を超える道を、前述の『戦艦大和ノ最期』での臼淵大尉の発言に見出す。

「この大尉に吉田は一度、部下に優柔不断な態度を見せた時、間髪を入れず、殴られたことがあった。臼淵はこの時二十一歳、兵学校出身の根っからの軍人である。

ところで、たとえ一人であれ、わたし達がこのような死者をもっていることは、わたし達にとって、一つの啓示ではないだろうか。死者は顔をもたなければならないが、ここにいるのは、どれほど自分たちが愚かしく、無意味な死を死ぬかを知りつつ、むしろそのことに意味を認めて、死んでいった一人の死者だからである」（敗–62）。

すなわち加藤は、「戦争の死者を、あの吉田満の『戦艦大和ノ最期』の臼淵大尉が示唆するように、無意味であるがゆえに、その無意味さゆえに、深く哀悼すること」（敗–105）が、あの分裂、「ねじれ」を克服し「日本のアイデンティティー」にいたる道であることを強調する。まさしく「その自国の死者への深い哀悼が、たとえばわたし達を二千万のアジアの死者の前に立たせる」（敗–75）のであり、このことがなされないままにされてきたことが、分裂、「ねじれ」を生み出してきたとする。

加藤のいう「悪い戦争にかりだされて死んだ死者を、無意味のまま、深く哀悼する」(同)という主張は、しかしながら、実際問題として「二千万のアジアの他者たる死者」(敗–105)の哀悼への「踏み込み板(スタートライン)」(敗–106)になるのかどうかは疑問とせざるを得ない。すでに論じてきたように、「日本のアイデンティティー」に質的差異があり、これについての明確な分析が必要であるにもかかわらず、加藤はこれを無視して議論を進めることにより、結果として国家に優位を持つアイデンティティーに接近していく恐れがあるからである。さらに加藤は、臼淵大尉の発言そのものを恣意的に解釈している側面がある。

これについて、例えば、徐京殖は、臼淵大尉の発言を繰り返し引いて三百万の自国の死者を無意味なままに厚く弔うという加藤の主張を、次のように批判する。

「これは危ういと思います。臼淵大尉は、全く無意味に天皇制国家、軍国主義日本の犠牲とされていくことにもがき苦しむように、このような議論を組み立てた、と私は思います。『きけ　わだつみのこえ』の兵士たちと同じです。国家によって強制される死が避けられない以上、そこに何とかして意味付与したいというもがきです。

しかし臼淵大尉や『きけ　わだつみのこえ』の兵士の死は、ついに、彼らを無意味な死へと追いやった天皇制国家を否定する方向へは向かわず、逆に『散華』の美学となって日本国家に回収されました。いま、国民主体をたて直す必要を力説する加藤典洋さんは、臼淵大尉を例に引いて自説を補強しようとしていますが、まさにその点に、国家へと回収されようとする彼自身の危うい傾きが露わになっています」(*12)。

このように、「日本のアイデンティティー」をめぐる議論は、戦争責任、戦後社会、ナ

*12　徐京殖『分断を生きる——「在日」を超えて』影書房、一九九七年、一九一頁。

ショナリズムの問題と深く絡みあって、現代的問題として継続提起されており、今後稿を改めて論じなければならない。しかしその場合にも、「鶴見の出した視点の有効性」については、絶えず検証されていかなければならないであろう。

第7章　家族について

――『家の神』（一九七二年）

1

最後にやや補論的になるが、今まで鶴見の姿勢とされていた「私的な根」から運動・組織にいたる最初の第一歩の段階、家・家族について検討を加えておきたい。これらについては、すでに第4章でいくらか触れたが、「私的な根」が、まったく孤立して存在するものではなく、必ずある家族的状況の中に存在し、「私的な根」にとってもっとも身近な対象であるということ、そしてこの状況が「私的な根」の背景ともなっていることを考えれば、家・家族というものが、鶴見の思想を支える重要な要素となっているのは明らかである。またこれを検討することが、個人・地域との関係から、さらにはあるべき共同体の形成へとつながっているからである。

さて鶴見は、家について語る場合に、「家の神」(10–146) という象徴を持ち出す。例えば次のようにである。

「家とは何か。その中心にあるのは、生命の連続性だろう。ひとりの肉体と精神をもつ個人から、もうひとりの肉体と精神をもつ個人への生命のつながり、別の言葉でいえば婚姻と育児、それが、家の中心にあるものだ。生命の連続性を守るさまざまの象徴が、家の神である。家の神は、生命の連続性の保護者であると言ってよい」(10–146 ~ 147)。

「無条件のあたたかさ(物質的環境、地理の条件)、無力な自分が生きるのを助けてくれる他者(人間でなくともいい)の感覚、自分が生きてゆくことをよしとして助けてくれる生命の連続性の象徴が、家の観念の中心にあるもので、家の神だということができよう」(10–224)。

ここで述べられているのは、家・家族の基礎をなす感覚であり、その中の構成員、とりわけ「私」に共通して流れていると感じられる心情である。これによって、家・家族は成立し続けることができるのである。換言すれば、「家の神」とは、体力、知力、関心、稼ぐ力などの差のあるものが、互いに助け合い、「おたがいをそだてる場」(10–20)、「能力にちがいのある相手を助けようという気組み」(10–25)としての家そのものである。鶴見は、このような気組みの存在する時、そこに「家らしい間柄」(同)が生じるとし、「その気組みなくして、家はうまれないし、守れない。血のつながりとか生殖という事実は、はじめの動力になるとしても、家をつくり保つための十分な条件にはならない」(同)と指摘する。そしてここで家の構成員に対して、あるいは構成員になろうとする者に対して、その場を成り立たしめ、互いに働く力として「親和力」(10–20)をあげる。

「親和力は、家のメンバーを、生物としての競争とはちがう間柄でむすびつける。親子、兄弟などの間で、さまざまの仕方で、それがはたらく。親子の間で、親のほうが子を助けるとはかぎらない。親が老いてから、子が親を助けるという場合にかぎらず、子どもが小さい時にも親は子に助けられているという関係がある」(同)。

この「家という関係の中心にある、血のつながりとか生殖とか性のつながりをもつつみこんで、それらをなりたたせるもとの力としての親和力、あるいはそだてあいの関係」(10–21)が、結局は家の原理とされる。そしてこの「親和力」がどのようなかたちでわれわれの間に生じるのかということについて、鶴見は、以前にも引用したが、繰り返し井伏鱒二の小説『黒い雨』の場面について語る。ここではその場面について、鶴見のまとめたものを掲載する。

「井伏鱒二が実録をもとに書いた『黒い雨』という小説に、広島で原爆に打たれた人びとが、市外にのがれていく様子が描かれている。初老の主人公は、途中で、ひとりぼっちでとぼとぼ歩く小学校一年生くらいの子どもに会う。

『じゃ、鉄橋を渡るまで、小父さんが道づれになってあげようか。』

その子に情が移ると困ると思って、名前を聞かないことにした。やがて、空のかなたに大きなキノコグモが見えた。

『おい坊や、あの雲。』

ふたりは並んで空をあおいだ。

やがて、子どもづれではとても鉄橋は渡れないことがわかり、主人公は、別の小母さんに子どもを預ける。

『それでな、坊や。坊やと小父さんは、ここで別れような。』

子どもはこっくりして、小母さんと一緒にもと来た道を戻っていく」(10–38)。

この情景、情感――自然に生じる道づれの間柄、お互いへの共感と抑制、つかの間の切実な助け合い――が、家のつながりの原型である、と鶴見は指摘する。原爆にかぎらず、大災害や社会的混乱の時期に見られる、こうした不釣合いの力を持つ人びとが互いに助け合う「親和力」こそ、「血縁による家族」や「私有財産の共有による家族」を超えたより基本的な家族の原型とされる。

2

しかし、右のような視点から家というものが形成される関係は、現代の法律用語に従えば、「その他の関係」と呼ばれるものとなる。例えば、老人が、法律上のつながりのある身寄り以外の他人に助けられて生活しており、その助けてくれる他人との関係が、身寄りの人間との関係以上にうまくいっている場合などが、これにあたる。「血縁」や「私有財産」などのつながりによる「家族」よりも、もっと家族らしい関係が存在している場合である。現代では、社会の高齢化に伴い、このような関係が増加しているのが事実であろう。これについて鶴見は、この事実を認めつつも、それだけでは済まない点を指摘する。

「たしかに『その他の関係』が家族のなかに入り込んでいて、それが家族のもっともいきいきとした部分を既に構成している。だけど、最終段階になると、それを法律、制度によって切り捨てて平気なように、法律上の家族は思ってしまっている。そのズレがいまの問題なんでしょうね」(＊1)。

ここで家族についての重要な状況が示される。つまり「その他の関係」に示される家族の実質的な側面と法律・制度として定められている形式的側面との分裂である。実質上は、家族のもっとも家族らしい側面が、「その他の関係」によってあらわされて目の前に提示されているにもかかわらず、法律・制度によって制定されている家族が、「本来の家族」として思い込まされていること、後者の家族が「家族」であるとして社会的にも圧倒的に確信されていることが問題となってくるのである。鶴見は、この状況を象徴的に示す「欠損家庭」という言葉――この言葉は近年使用されなくなってきたが――を取り上げて、次のように述べる。

「夫婦にこどもという家庭の単位が一つの家に住むことが正常の家族で、それ以外の家族のありかたは異常だとする規範のたてかたは、（家族についての事実を統計的に分類する図式としてはそれでも通るだろうが、それを倫理上の規範とすることは）人間的

＊1　鶴見俊輔・浜田晋・春日キスヨ・徳永進『いま家族とは』岩波書店、一九九九年、一五頁。

でない。それは統計的に人間性を把握する方法であって、個々の人間を大切にすることにはならず、人間性に反している」(10-211)。

「日本の例としてもあげられないことはないが、ともかく、男と男のつくる家、女と女のつくる家が数十年にわたってやすらかなくらしの場となり得た実例はある。そうしたさまざまの可能性にたいして、お役所の統計を価値判断にすりかえて『欠損家庭』などという言葉を使って、いかにも科学のよそおいをもたしたような仕方で批判しないほうがよい。キリスト教文明の不寛容にたいして、日本の文明がいくらかでも別のものをもって対する道があるとすれば、それはおそらく寛容の精神をもってであろう」(10-214)。

このように「正常な」家族についての見方は、思想的に純粋・真円な思想のみを思想とみなし、日常的現実の雑多なもの、あいまいなものは切り捨て顧みない日本の知識人の傾向を端的に示しており、鶴見は、これに対して批判するとともに、知識人を支えてきたヨーロッパ近代の合理主義思想の問題点をも指摘する。つまり近代日本では、国家の建設にあたって、ヨーロッパの合理主義思想を受容してきたのであるが、その際にその能率、手続き、技術の側面ばかりが強調されて、社会の諸制度（政府、教育等）が形成されてきた。その結果、日本の国民国家は、いわば近代都市が均質なコンクリートによって形作られるように、「国民という均質性への固執」(＊2)によって、「国民というのっぺらぼうのアイデンティティー」(＊3)として形作られた、というわけである。

ここから、家・家族の観念も、完全無欠なもののみが正常なものとして考えられ、そこから外れた家・家族は「欠損家庭」として位置づけられた。しかし鶴見の視点からは、右で述べた「無条件のあたたかさ、無力な自分が生きるのを助けてくれる他者の感覚、自分

＊2　鶴見俊輔「憲法改定をどう考えるか」『中央公論』一九九九年五月号、三八頁。

＊3　同、三七頁。

が生きてゆくことをよしとして助けてくれる生命の連続性」が家・家族を形成するものであった。それゆえ、「家の神への信頼は、権力の原理、弱肉強食の原理、理想社会についての普遍的原理のあらわしやすい酷薄な側面に対抗する力として、われわれの中におかれているものと理解できるのではないか」(10–224)との指摘は、ヨーロッパ近代合理主義の不寛容に対して、寛容の精神（これは鶴見の視点から言えば、日常生活におけるアイマイさの確認につながる）をもって家・家族像、さらには社会像を作っていくことについての重要な示唆を与える。とりわけ時代が急速に高齢化社会への道を歩んでいるときには、法律・制度的な家族の関係が弱化する一方であるという現実を踏まえて、「流動性をもたせて、家を考えていくこと」(10–37)が不可欠とされる。また現存の家族の枠内で考えていくにせよ、「夫婦は、今では五十年のつきあいを覚悟しなくてはならない。親子は、やはり五十年のつきあいを覚悟しなくてはならない。その間のおたがいの変貌に耐え得る感性と知性を、養う必要がある」(同)ということになる。家族の関係、役割分担は、その時その時の助け合いの形をもって変わっていかざるを得ないのである。

3

しかし同時に、このように述べられてきた家、「家の神」については、その可能性とともに、通用する範囲が限られていることが指摘される。

「家の神は、自分が偶然あるところにうまれてしたしくつきあうことになった人びとに対する一つの作法の原則にすぎない。それが人間一般にとっていくらかの意味をもつとしても、人間には人間一般のことはなかなか自分の問題として考えにくいものだという消極的な現実主義をともなっている」(10–224)。

また別のところでは、こう語る。

「家は、人間の生命の連続を保証する場所と言える。自分の生命がそだてられ、その生命をさらに別の生命につづけてゆく場所である。そのうけつぎが、特定の人から人へとなされてゆくので、その特定の人たち以外のものをのけものにするという性格をもちやすい」(10–231)。

すなわちここに、家の持つ「無条件のあたたかさ」「助け合いの感覚」「生命の連続性」等の特徴が、逆に、「家の中のものにたいしてはかぎりなくゆるし、家の外のものにたいしては、家の中では考えられないような冷酷さをもってたいするという二重の態度」(同)を生じさせてきたことが言われる。このことは、近代日本国家の建設にあたって、「国民というのっぺらぼうのアイデンティティー」と言われる均質的な国民国家が形成される一方で、この国家がまた、天皇と国民とを父親と子との関係と見立てて、家族の関係が国民全体に行き渡るような家族国家の構築を目ざしたことと関連している。家族国家は、家族の内部において個々のメンバーが内面的道徳的に規制され干渉されるように、家族国家のメンバーを内面的道徳的に規制し干渉した。この結果、個人レベルでの家族の関係、心情が、国民レベルでの家族国家の関係、心情として意識され行動にあらわれることになった(＊4)。

「家の中のものにたいしてはかぎりなくゆるし、家の外のものにたいしては、家の中では考えられないような冷酷さをもってたいするという二重の態度」は、それゆえ国家のレベルでは、「家を大切にするものはそのことをとおして家族国家を大切にし、その家族国家が、家族外のものとして圧迫をくわえる朝鮮人、中国人にたいして、軽蔑と虐待をあた

＊4　このことを鶴見は、思考の事実判断と価値判断との関連で、次のように指摘する。

「たとえば日本という国は、日本人だけが住んでいるところだという暗黙の前提。（これは、おおまかに言えば、事実としてはある程度はあたっている。）そこから少しずれて、しかもなめらかに移行して、この日本の国は、日本人だけが住んでいるべきところだという判断。（これは価値判断であって、これをうけいれるとすると、排外主義をうけいれることになり、私たち日本人の今よりどころとしている倫理と法感覚と対立することになる。）ところが、なんとなく、この国には日本人だけが住んでおり、この国は日本人だけが本来住んでいるべきところなのだという判断がわれわれの間にひろくあるのだ。こういう感覚をいったんうけいれてしまうと、そこからは、十五年戦争の時代と同じように、日本人の間ではおたがいに助け合うことが正しいとしても、外に対してはどんなことをしてもよいのだという暗黙の前提へと、ただちに移ってゆくことになると思う」(11–248～249)。

りまえのことのようにつづけていた」(10–230) という結果を生み出したのである。この「家の神の無条件の美化が、昭和の十五年戦争の時代には、朝鮮への植民地的支配、中国への侵略戦争と日本国民をさそっていった」(10–231) 歴史は、家を考えていく視点にとっての自戒として留意されねばならない。

4

以上、鶴見の家・家族論について考察したが、その指摘するところが多方面にわたっており、また現実の変化のほうにむしろ急激な側面が存在するがゆえに、論点には整合的ではない部分も見受けられる。しかし鶴見の提起してきた問題が、現代社会の家族のあり方と変化の兆しをきわめて鋭く突いていることは確認できるであろう。

「脱『家』、脱『国家』ということで、どこからか理想を、抽象的なものをもってきて揺すぶっても、結局、根なし草の思想で、何年間かたてば風化してしまう。やっぱり、家の重さと国の重さを受け止めて、じりじりとその向きを変えるというやりかたをとらないと、つよい社会思想も、つよい個人も、育たない気がしますね」(KZ–50)。

ここには鶴見の拠って立つ日常生活の思想からの運動の方向、空中戦的な議論に対する実践的批判が端的に示されている。しかしこの方向はまた、そのまま運動の限界をも示しているのではないかという疑問は残る。鶴見自身が述べているように、「家の神」の適用される範囲が狭いこと、したがってその内部に属する人びとと外部との間のズレが存在する可能性があること（これは、サークル活動の場合にも同様である）は、運動が拡大深化していく局面では、とりわけ大きな問題になるのではないかと思われる。

さらに個人レベルでの意識について言うならば、日常生活の水面下では、変革への志向が強いものであると語られているとしても、その同じ日常生活において、同程度あるいはそれ以上に強い保守的傾向——例えば、女性問題研究家である樋口恵子は、この傾向を持つ中年男性を「草の根封建オヤジ」(*5)と名づけている——との対決、克服をどう行なっていくかは困難な課題である。鶴見の姿勢からする「草の根革新」の意義が問われるところであろう。

*5 樋口恵子編『対談・家族探求』中央法規出版、一九九九年、一五頁。なお同書には、この語について、次の説明がある。
「封建的価値観を持って、広く強く社会に根のように張っているオヤジたちのつながりの総称・またはその当人のこと。ほとんど政財官の癒着でなる〝鉄の三角同盟〟と重なり合う」。

おわりに

　ここまで鶴見の民主主義を中心とした思想を検討してきた。この中で、鶴見の思想の根拠としての「私的な根」が、その基底では近代日本社会に対する批判、それもかなり有効な批判が可能な視点であることを確認した。「私的な根」からすれば、人間の思想は、「信念と態度との一致」という点において検証されなければならないのであって、この視点からの提言と運動は、鶴見自身が戦後一貫して、今もなお実践しているところであり、それがいわゆる「正統的」社会改革の運動とは異なったスタンスを持つ運動となったことは周知のとおりである。原理・原則のみに基準を置き、そこからすべてを切り捨ててしまって純粋、真円な思想を求めるのではなく、日常生活の「アイマイさ」、「雑然さ」を含み、それを自覚した上での思想と運動を構築推進していくという姿勢は、今後の社会運動のあり方においても常に批判的自戒的視点として留意されねばならない。

　とはいえ、鶴見の思想の「私的な根」が地中深くにまで伸びていることに注目しなければならない。鶴見の思想の対象は、年々、歴史的過去や日本や近代社会の周辺にまで広がり、民主主義のみならず、社会そのものの根拠を問う問題提起がなされている。例えば、これと連なる文句なしに面白い種々の評伝的著作――「太夫才蔵伝」、「アメノウズメ伝」等――や周辺的旅行的著作――「グアダルーペの聖母」等――も、文明批判の点からの考察が必要とされるし、また近代文化そのものに関して言えば、とりわけ現代社会の興味深い諸問題や芸術の領域での「限界芸術論」や漫画論の意味をどう評価するか、論じる対象にきりがない。これらの問題については稿を改めて論じたいと考えている。

鶴見の思想は、基本的には戦後日本社会という枠組みの中で培われ、その時代を反映したものであることを確認しなければならない。この意味では、社会変革の運動がいわゆる伝統的「左翼」によるものから、NPOやNGOを含むより広いさまざまな視点、形態をもつものに移って久しく、社会変革そのものがアソシエーショナルなものとしてとらえられている現在、鶴見の提唱したサークルにも、またかつて評価された運動にも、「状況から」考えて再評価されるべきものが存在するのは事実である。これは社会変革の運動にかかわるわれわれの課題としても残されている。

しかし、それにしてもこの広く深い対象を見続けている鶴見の視点には、学ぶべきことは多い。この一見とらえどころのない思想家を、「アイマイさ」、「雑然さ」を極力排除してとらえようとすること自体に、困難さが存在するのかもしれない。

＊

本書の各章のもとになったものは、筆者がこれまで、勤務先の奈良工業高等専門学校の研究紀要に掲載してきたものである。参考のために、各章の初出を挙げておく。

・第1章「鶴見俊輔のプラグマティズムについて」(『奈良工業高等専門学校研究紀要』第36号、二〇〇〇年)
・第2章「鶴見俊輔の民主主義について」(同、第32号、一九九六年)
・第3章「鶴見俊輔の自立の思想について」(同、第33号、一九九七年)
・第4章「鶴見俊輔における個人と組織の問題について」(同、第34号、一九九八年)
・第5章「鶴見俊輔と戦後民主主義の諸問題」(同、第37号、二〇〇一年)
・第6章「鶴見俊輔と『日本のアイデンティティー』の諸問題」(同、第38号、二〇〇二年)
・第7章「鶴見俊輔の家族論について」(同、第35号、一九九九年)

＊

最後になりましたが、本書が出来るにあたってお世話になった方々、なかでも学生時代以来三〇年以上の長期にわたってご指導と助言をいただいた、大阪哲学学校校長・大阪経済大学名誉教授の山本晴義先生と、季報『唯物論研究』編集長・大阪経済大学教授の田畑稔氏には心から感謝する次第です。21世紀研究会と大阪哲学学校の皆さんには貴重なご意見と視点をいただきました。奈良工業高等専門学校の同僚の皆さんには絶えず励ましていただきました。また、本書の装幀については高根英博さんに、編集については新泉社編集部の安喜健人さんに大変お世話になりました。ともにお礼を申し上げます。

二〇〇五年一月一〇日

木村倫幸

「21世紀叢書」刊行にあたって

21世紀に入りました。誰もが大きな変化を実感し、新しい時代の到来を予感しております。しかし、まだ方向は不確定であり、私たちは確たる認識にいたっているとはいえません。21世紀を理解するうえで基軸となる認識、理論、世界像はいかなるものなのか、どのような価値が求められようとしているのか、そして、世界や日本の進路と変革はどのような方向に沿って可能なのか、このような知的挑戦の課題が提出されています。

地球環境危機と人口爆発の同時進行、情報革命とグローバリゼーションの帰結、唯一の超大国アメリカ合衆国の世界戦略、ポスト・フォーディズムの資本主義、国民国家再編の行方、経済発展を遂げつつある中国と東アジア諸国の帰趨、地域紛争と宗教原理主義、技術の急展開に追いつかないモラルや人間観、日常生活世界の深刻な変容とオールタナティブの形成、世界市民運動の台頭とアソシエーション革命の波など、世界的人類史的スケールで現実を把握する必要に迫られています。

これらの課題に、私たちは「21世紀研究会」という形の研究活動・発表活動を通して、いくぶんなりとも応えることができるだろうと考えました。この研究会は関西在住の哲学者、政治学者、経済学者、科学史家や社会運動家などにより、約五年の助走期間ののち二〇〇一年に結成され、次のような活動を目標としております。

(1) 世界と日本の新しい現実を諸分野の共同により包括的に把握することをめざす。
(2) 専門領域の相違と政治的、思想的立場の多様性を前提に、情報交換と意見交換の生産的な場を共同でつくりあげる。
(3) 新しい思想の創造に参画し、新たなオールタナティブ創出のために貢献する。
(4) 研究の成果は、研究会員が個人として、あるいは連名で世に問うように努め、研究会はその発表の機会をつくり出すために活動する。

そして、このたび「21世紀研究会」の成果を集約した発表の場として「21世紀叢書」を刊行することになりました。読者の皆さんの共感と厳しいご批判をいただければ幸いです。

（二〇〇五年五月）

21世紀研究会
大阪府豊中市本町六―九―七―四〇二
電話・FAX　〇六―六八四〇―一〇五六
Eメール　studies21c@hotmail.com

著者紹介

木村倫幸（きむら・つねゆき）

1946年三重県に生まれる．大阪大学大学院文学研究科修士課程（倫理学専攻）修了．

現在，奈良工業高等専門学校教授．

主な著書に，『倫理学・哲学概論』(共著，学術図書出版社，2001年)，『「ソフィーの世界」の世界』(共著，青木書店，1996年）など．

21世紀叢書
鶴見俊輔ノススメ——プラグマティズムと民主主義

2005年6月30日　第1刷発行

著　者＝木村倫幸
企　画＝21世紀研究会
発行所＝株式会社 新 泉 社
東京都文京区本郷2－5－12
振替・00170－4－160936番　TEL 03(3815)1662　FAX 03(3815)1422
印刷・製本　萩原印刷

ISBN 4-7877-0503-2　C1010

田畑 稔 著

マルクスと哲学

——方法としてのマルクス再読

A 5 判上製・552 頁・定価 4500 円＋税

21 世紀の現実に対する思想の通路をラディカルに再敷設するために——．マルクスと哲学の関係を「マルクス主義哲学」の鎧を取り除きながら読み解き，彼の思想が持つ現代的意味と未来へとつなぐ途を考察する．前著『マルクスとアソシエーション』に続く渾身の原典再読作業．

田畑 稔 著

マルクスとアソシエーション

——マルクス再読の試み

四六判上製・260 頁・定価 2500 円＋税

『共産党宣言』の有名な文節「各人の自由な展開が万人の自由な展開の条件であるような，ひとつの共同社会」=「アソシエーション」．マルクス超克の必要性と困難性ゆえの精緻な再読作業から導き出されるアソシエーション概念をキーとし，マルクス像の根本的変革を提起する．

季報『唯物論研究』編集部 編

証言・唯物論研究会事件と天皇制

四六判・296 頁・定価 1845 円＋税

日中戦争が泥沼化していった 1938 年 11 月，戸坂潤や永田廣志ら「唯物論研究会」の主要メンバーが，治安維持法違反で検挙された．「横浜事件」とならぶ戦中の天皇制国家による思想弾圧事件「唯研事件」の全貌を，当時の関係者たちの証言やインタビューで明らかにする．

山本晴義 編

現代日本の宗教

——宗教イデオロギーへの批判視角

四六判・264 頁・定価 1800 円＋税

高度経済成長の自信に満ちた未来像が崩壊し，この不安の隙間に阿含密教，統一教会，真光教などが輩出した．本書はその現状分析に，戦前の宗教批判の歴史と反省を加えて，マルクス主義の視角から 9 人の識者が宗教的世界観にひかれる若い世代に科学的批判的な視点を提示する．

小野義彦 著

現代日本資本主義の危機

——国家独占資本主義の展開

A 5 判函入・440 頁・定価 4000 円＋税

日本独占資本主義は，1970 年代には国際通貨危機，オイルショックなどの波状攻撃に遭い，その脆弱さを露呈した．本書は独占資本主義の展開と，それがもたらす諸矛盾の発展を逆照射し，危機状況を必死で乗り切って延命をはかる独占支配経済構造を鋭く衝いた好論文集である．

渡辺政治経済研究所 編
脇浜義明 訳

オルタナティブな社会主義へ

——スイージーとアミン，未来を語る

四六判・256 頁・定価 1800 円＋税

資本主義の行きづまりによる不安が民衆に重くのしかかっているが，これを解決する方途を誰も明示しえていない．世界経済と第三世界の問題に詳しい 2 人にこれからの社会主義の方向をインタビューし，地球規模で作用している価値法則を人間の手でコントロールする方途を考察．

植村 邦 著

イタリア共産党転換の検証

——左翼民主党への再編成とその意義

A 5 判上製・400 頁・定価 8000 円＋税

現代社会主義運動の経験を批判的に継承するために——．1921 年創建のイタリア共産党は，1991 年にその歴史の幕を閉じ，多数は左翼民主党へと転身した．本書は，1960 年代以降の共産党中心の左翼運動とその転身の過程について，つぶさに綱領的検証を加えた労作である．

森 信成 著

改訂新版 唯物論哲学入門

四六判上製・248 頁・定価 1800 円十税

宗教的，政治的，経済的疎外とそれからの解放という，人間生活の根本にかかわる問題をわかりやすく説いた定評あるロングセラー．民主主義，弁証法についての見事な考察が現代社会を鋭くえぐる．独力で哲学を勉強し，世界観を得たい人のために最適の入門書．解説＝山本晴義

森 信成 著

史的唯物論の根本問題
――戦後日本の思想対立

A 5 判函入・336 頁・定価 2300 円十税

戦後日本に支配的な反動思想と修正主義の形態と系譜を明らかにし，それとの闘争を怠ってきた日本のマルクス主義の逸脱と混乱に対する反省として，批判のための理論的諸原則を確立した著者の初期論文集．マルクス主義の退廃が進展しつつある情況に警鐘を鳴らした書である．

山本晴義 著

増補 現代日本の唯物論

四六判上製・264 頁・定価 1800 円十税

高度経済成長期以来，より非合理的で反理性的な実存主義的見地に立って独占資本によるイデオロギー支配が押し出されてきた．本書は，大衆闘争が反独占の闘いに結集しえていない情況のなかで，それらを逐一批判し，唯物論とマルクス主義の原則について明示した論文集である．

山本晴義 著

新装版 社会倫理思想史
――マルクス主義的人間観序論

A 5 判・280 頁・定価 2000 円十税

資本主義社会形成期における倫理思想（ホッブス，ルソー，マルクス）から説きおこし，独占資本主義段階における代表的なブルジョアジーの倫理思想（ヤスパース，マルクーゼ）を系統的にあとづけて解説する．マルクス主義の立場から書かれたユニークな倫理思想史の入門書．

服部健二 著

歴史における自然の論理
――フォイエルバッハ・マルクス・梯明秀を中心に

A 5 判・312 頁・定価 4500 円十税

人間を「自然の自己意識的存在」としてとらえるフォイエルバッハの自然観をヒントに，哲学における自然観を分析する．〔内容〕自然の自己意識的存在―フォイエルバッハの自然観，歴史における自然の論理―マルクスの自然概念，「全自然史の思想」について―梯明秀の場合

高橋準二 著

科学知と人間理解
――人間観再構築の試み

四六判上製・296 頁・定価 2300 円十税

社会科学，哲学にも通じた科学史家が，先端の生命科学や脳生理学をふまえ，人，科学，社会の関係を考察．倫理学の再構築，人間行動と生存の意味づけ，地球環境問題，文明の行方などを論じる．「混迷を深める現代文明の中に生きる我々に勇気を与える書」(「出版ニュース」評)

渡辺 格，野間 宏 対談

人間のゆくえ

四六判上製・260 頁・定価 1200 円十税

人間の本来のあり方が，社会科学的にも自然科学的にも再考されている．分子生物学のめざましい発展を評価しつつも，そのあり方に対し，鋭い批判を浴びせている分子生物学者・渡辺格と，自然科学の成果を自らの文学に取り入れ，ユニークな創作を続けた作家・野間宏との対談．

松浦範子 文·写真

クルディスタンを訪ねて
――トルコに暮らす国なき民

A５判変型上製・312 頁・定価 2300 円＋税

「世界最大の国なき民」といわれるクルド民族．国境で分断された地，クルディスタンをくり返し訪ねる写真家が，民族が背負う苦難の現実と，一人ひとりが生きる等身大の姿を文章と写真で綴った出色のルポルタージュ．鎌田慧氏，池澤夏樹氏，川本三郎氏ほか各紙誌で大絶賛の書．

中島由佳利 著

新月の夜が明けるとき
――北クルディスタンの人びと

四六判上製・320 頁・定価 2200 円＋税

トルコ南東部（北クルディスタン）出身の大勢のクルド人が日本でも難民申請をしている．難民認定されず，入国管理局に収監され，強制送還される人々の背景にある現実に，在日クルド人のサポートを続けるライターが鋭く迫る．鎌田慧氏推薦，井家上隆幸氏，斎藤貴男氏ほか絶賛．

八木澤高明 写真·文

ネパールに生きる
――揺れる王国の人びと

A５判変型上製・288 頁・定価 2300 円＋税

ヒマラヤの大自然に囲まれたのどかな暮らし．そんなイメージと裏腹に，反政府武装組織ネパール共産党毛沢東主義派（通称マオイスト）との内戦で大きく揺らぐ王国．軋みのなかに生きる民衆の姿を気鋭の写真家が丹念に活写．10年間の取材を集大成した珠玉のノンフィクション．

西浦宏己 写真·文

アイヌ，いま．
――北国の先住者たち

A５判・288 頁・定価 2200 円＋税

『沖縄・与那国島』をはじめ数々の著作のある写真家が，北海道の町村や観光地にあるアイヌ系住民の集落を訪ね歩き，その暮らしぶりの取材と聞き書きを行った記録．12万の文字と60葉の写真でとらえ，アイヌの風俗，生活，祭りなどを語りかける．1984年初版，ロングセラー．

西浦宏己 写真·文

アイヌ，いまに生きる

A５判・254 頁・定価 2400 円＋税

『アイヌ，いま．』から13年．エカシ（長老）やフチ（媼）が育んできた精神世界を受け継ぎながらも，生まれた時から日本人として教育を受けてきたために，日本人的な感覚とアイヌ民族意識の狭間で揺れ動いている若者たち．若い世代の生き方を通して，アイヌの現在を語りかける．

大田昌秀 著

新版 沖縄の民衆意識

四六判・484 頁・定価 2500 円＋税

沖縄で起きた政治，経済，社会の主要な事件を「琉球新報」「沖縄毎日新聞」などの記事内容から分析し，近代沖縄を解明する．「沖縄が現在おかれているような事態が，かりに本土の一部にあるとしたら，日本政府や日本国民は，はたしてそのまま放置するだろうか」（まえがき）

与那国 暹 著

沖縄・反戦平和意識の形成

四六判上製・304 頁・定価 2800 円＋税

今や沖縄県は基地の島を逆手にとって反戦平和思想（運動）の発信基地たるまでに意識の変容をとげるに至った．米軍統治下の沖縄で起こった社会変動の中で，とりわけ社会意識の変容に注目し，「沖縄のこころ」の中核をなす反戦平和意識の形成過程を膨大な資料を駆使し分析．

V. フランクル 著
真行寺 功 訳

新版 **苦悩の存在論**
——ニヒリズムの根本問題

四六判上製・242頁・定価1800円＋税

『夜と霧』でアウシュビッツ強制収容所の極限状況を著した著者が，ニヒリズムの根本問題に対峙する．時代精神の病理をニヒリズムで解明し，ヒューマニズムの危機を説く．ウィーン大学での講義「苦悩する人間の存在論」などをもとにした全集未収録論文で構成された論集．

C. オグデン，I. リチャーズ 著
石橋幸太郎 訳，外山滋比古 解説

新版 **意味の意味**

四六判上製・504頁・定価4500円＋税

言語が思想に及ぼす影響をテーマに1923年に刊行された本書は，現代思想を基礎づける言語論の古典として世評が高い．〔内容〕思想・言葉・事物／言葉の力／知覚作用における記号／美の意味／哲学者と意味ほか．補遺にマリノウスキー「原始言語における意味の問題」収録．

ルイス・マンフォード 著
関 裕三郎 訳

新版 **ユートピアの系譜**
——理想の都市とは何か

四六判上製・324頁・定価3200円＋税

混沌として希望の持てない時代にこそ，人類は“理想の世界”を思い描き，実現しようとしてきた．プラトンの『国家』から説き起こし，近代にいたるまでの代表的なユートピア論，ユートピア文学を克明に分析し，現実を再建するための“理想”とは何かを考える古典的労作．

ピダル，ガニベー，エントラルゴ 著
橋本一郎，西澤龍生 訳

新装版 **スペインの理念**

四六判・352頁・定価2500円＋税

スペイン言語学の権威であり，ロマンセを集大成したピダル．小説家であり，スペイン哲学を代表するガニベー．スペイン医学史を確立したエントラルゴ．スペインを代表する3人の業績を網羅し，伝統と進歩の「2つのスペイン」の葛藤の中からその文化的風土を明らかにする．

A. ケストラー 著
平田次三郎 訳・解説

新装版 **スペインの遺書**

四六判・304頁・定価2100円＋税

スペイン戦争に特派員として従軍し，フランコ軍に捕らえられたジャーナリストの獄中記．銃殺の恐怖のもとで書かれた死とのダイアローグ．著者はこの後，共産党批判者に転向した．戦争と全体主義の愚かさを問うルポルタージュ文学の傑作であり，著者のメルクマールとして貴重．

マージョリー・ボウルトン 著
水野義明 訳

エスペラントの創始者ザメンホフ

四六判・324頁・定価1845円＋税

19世紀末，各民族間の真の友好と交流をめざしてエスペラント語を創案したザメンホフの伝記．ロシア帝政下のポーランドでユダヤ人居住区に生をうけ，民族差別のまっただ中で成長し，すでに15歳で国際共通語の創造に目を向けていた彼の生涯を，豊富な資料を駆使して描き出す．

L.L. ザメンホフ 著・述
水野義明 編・訳

国際共通語の思想
——エスペラントの創始者ザメンホフ論説集

四六判・336頁・定価1500円＋税

国際化進展の時代に緊急の課題は共通言語手段ではないだろうか．エスペラントはこの目的のために創造された．国際共通語による対等な交流を通じて，「諸民族の友好と調和」を達成しようとする創始者ザメンホフの理想と情熱は，人類の言語問題解決への鍵を示唆している．